新版

韓国ドラマ＆K-POPが
もっと楽しくなる！
かんたん韓国語読本

（カン ヒ ボン）
康 熙奉

Futabasha

　韓国ドラマやK-POPといった韓流エンターテインメントが、世界的に人気を集める時代がやってきています。同時に、韓国ドラマやK-POPに触発されて、韓国語を勉強しようとする人が世界中で増えています。日本でも韓国語の注目度はますます高まる勢いです。

　もちろん、韓国語に興味を持って勉強を始めようとする動機は様々でしょう。とはいえ、大好きなことが韓国ドラマやK-POPであれば、それを教材として活用するのがとても理にかなっています。

　確かに、外国語というのは難しいものです。勉強を始めたとしても続かないという場合もあるでしょう。ただし、途中で挫折してしまったケースを見てみると、やはりレッスン書などの教材が自分の興味とかけ離れていたということも少なくありません。

　そこでぜひお勧めしたいのが、韓流エンタメを教材にして韓国語を学ぶということです。自分が好きなジャンルを徹底的に生かして、その上で韓国語を勉強するのですから、大いに興味をかきたてられます。

　本書は韓流エンタメが好きな人のための韓国語入門読本です。初心者や、すでに勉強を始めている人にも役立つ内容になっています。

　本書の全体の構成は以下の通りです。

　PART 1は、韓流エンタメの中で韓国語学習に興味を持てる基本的な部分をわかりやすく紹介しています。特に、耳によく入ってくるフレーズなどを取り上げて、それらの生かし方について解説しています。

PART2は、韓国ドラマのセリフやK-POPの歌詞を知る上で、特に役立つ単語をたくさん取り上げています。やはり、外国語というのは単語の数をたくさん覚えることが大事です。ぜひこの章で使える単語を増やしていってください。

　PART3は、実際に韓国に行った場合に役立つ会話集を紹介しています。ライブやロケ地を楽しむにしても、やはり現地で使う会話の実例が大いに役立ちますので、その点を重点的に解説しています。

　PART4は、韓流エンタメを教材にするノウハウや、最新トレンドの略語と用語をたくさん取り上げています。また、韓国をよく知るためには地名の知識が欠かせませんので、その点を最初に紹介しています。

　PART5は、初心者のための基本レッスンのページです。これから韓国語を勉強する人のために基礎部分を簡潔に解説していますので、韓国語の勉強を始めたばかりの人は、このPART5から読んでいったほうがいいでしょう。

　以上が本書の主な内容です。韓流エンタメに関する話題が例文になっていますので、好きなことを学びながら韓国語の力を向上させていきましょう。

　また、本書を読み進めていくうえでは、韓国ドラマやK-POPが大好きだという気持ちが、学習への大きな持続力になると思います。1つずつ覚えていくことを楽しみながら、これからも勉強を続けてください。

カン　ヒ　ボン
康　熙奉

＊本書は2020年3月刊『韓国ドラマ＆K-POPがもっと楽しくなる！かんたん韓国語読本』をもとに改訂、一部を加筆修正して、新版としたものです。

Contents

新版 はじめに … 2

本書の読み方 … 8

PART 1 韓国語を覚えれば 韓流・K-POPが さらに面白くなる…9

ハングルをうまく使ってエンタメの世界を広げる … 10

BTSと東方神起の名前が暗示していることは？ … 12

知っておくと何にでも使える「魔法の言葉」 … 16

K-POPの恋愛の歌詞によく出てくる24の言葉 … 21

憧れのスターへの呼びかけの言葉を覚えよう … 25

恋愛感情を豊かに表現する連体形 … 28

語尾がわかると韓国語が上達したようでうれしい … 31

PART 2 単語力アップで 韓流エンタメ自由自在！…35

韓国ドラマでよく使われる単語をマスターしよう … 36

歌詞&セリフによく出る「タメぐち」重要用語 … 40

相手のセリフに切り返す第一声にワクワクさせられる … 43

韓国の時代劇を見るときに役立つ歴史用語 … 46

K-POPスターのSNSの受賞挨拶で敬語を学ぶ … 52

ドラマの主要な舞台となる企業の関連用語を覚えよう … 54

これだけは知っておきたい！重要な副詞 … 58

セリフを理解するのに絶対に必要な擬態語・擬声語 … 60

PART 3 韓国に行ったときの実用会話集 … 63

シーン1　空港編 … 64

シーン2　外出編 … 67

シーン3　電話編 … 70

シーン4　地方旅行編 … 73

シーン5　自己紹介編 … 76

シーン6　数字編 … 79

シーン7　姓名編 … 82

PART 4 韓流エンタメの話題やトレンドを
教材にしてみよう … 87

スターの出身地や有名なロケ地を調べる際に地名は必須！… 88

芸能人も影響を受ける兵役の専用用語を覚えておこう … 90

セリフ＆歌詞には縮約形が多用される … 94

K-POPのスターは努力して日本語を習得している … 96

K-POPでよく使われる言葉で新しい歌詞を作ってみよう … 99

最新トレンドに不可欠な略語をたくさん覚えると楽しい … 104

韓国料理やカフェのメニューを覚えればとても便利！… 106

PART 5 初心者のための
韓国語基本レッスン … 109

（1）基本となる母音と子音を覚えよう … 110

（2）母音が二つ重なって二重母音ができる … 114

（3）子音で終わるパッチムという発音がある … 116

（4）平音・激音・濃音の違いを理解する … 118

（5）リエゾンでさらに発音しやすくなる … 120

（6）韓国語は日本語と同様に膠着語である … 122

（7）韓国語も漢字を使っている … 124

Column

感情を表現する言葉 … 24

韓国語でも四字熟語をよく使う … 30

電話で呼びかけるときのパンマル … 42

時代劇で使われる古い言葉 … 51

「ソメク」とは何か … 57

「つ」が「ル」になるという共通点 … 62

口癖のように出てくる「チョンマル」 … 78

「約束」という単語が示している事実 … 86

驚いたときに発する言葉は？ … 95

「シッポ」という語感 … 98

パソコン＆スマホの用語解説 … 108

ハングルが誕生した歴史物語 … 126

新版 あとがきに代えて

韓国語を学ぶ過程を大いに楽しみましょう … 127

本書の読み方

　本書は全5章で構成されています。

　一番最後のPART5は、「母音」「子音」「パッチム」「激音」「濃音」「リエゾン」など、韓国語の基礎について説明しています。

　初めて韓国語を学ぶという方は、まずはPART5を読んで韓国語の基礎を覚えてください。基本的なエッセンスを頭に入れたうえで、PART1に戻って順に読み進めていきましょう。

　PART5で書かれたような韓国語の基礎をすでに学んだ方には、PART5は必要ないかもしれません。そのまま、PART1から順にPART2、PART3、PART4と読み進めてください。

　一方、韓国に行く予定が迫っている方は、PART3がそれに向けた内容になっていますので、まずはPART3を読んでみましょう。そのうえで、PART1、PART2、PART4と順に読んでいってください。

　なお、すでに韓国語の勉強を始めている方でも、改めて基礎を確認したいときは、PART5を読んだ後にPART1から順に読んでもいいかもしれません。

　このように、本書はご自身のレベルに合わせて読み進めていくことができます。

　続いて、韓国語のカタカナ表記について説明します。

　韓国で話されている言葉の発音を、日本語のカタカナで表記するには限界があります。それは、日本語と韓国語における「母音と子音の特性」が関係しています。

　というのは、日本語はすべての音が母音で終わりますが、韓国語は子音で終わることも多いのです（これをパッチムと言います）。この子音をカタカナで表記する際に難しいところが出てきます。

　本書では、韓国語の発音にできるだけ近くなるようにカタカナ表記をしていますが、それでも、日本語で表記できる範囲内であることをご理解ください。

PART

1

韓国語を覚えれば
韓流・K-POPが
さらに面白くなる

ハングルをうまく使って エンタメの世界を広げる

ハングルの機能性に着目しよう

　韓国ドラマやK-POPに親しんでいるみなさんは、韓国語がどのくらいわかりますか？

　たとえ韓国語がわからなくても、ハングルが読めなくても、セリフや歌詞はたいてい日本語の字幕がついていますし、今はアプリやウェブサイトなど、さまざまな翻訳サービスがあるので、相応に韓国のエンターテインメントを楽しむことができます。実際、そのような方法で楽しんでいる方が多いでしょう。

　いっぽうで、韓国語の勉強をはじめて、少しずつでも身についてくると、違った楽しみ方がどんどん増えていきます。

「K-POPの歌詞が少しわかってきた」

「韓国ドラマを見ていて理解できる単語がいくつもあった」

「あこがれのスターの韓国語の挨拶が少し聞き取れるようになった」

「ファン同士の集まりで韓国の人に挨拶ができた」

　こういうことを1つ1つ経験していくと、今までにない喜びが感じられて、さらに楽しくなっていくでしょう。

　外国語の学習は辛抱強く行う必要がありますが、大好きな韓流エンタメを題材にして韓国語を学んでいけば、長続きする割合が高いと言えます。

　そして勉強の過程で、韓国語についてさまざまな特徴を発見できると思います。

「日本語と韓国語は語順が同じで、文章の順番に訳していけばオー

ケー」

「助詞の使い方が日本語と似ている」

「文章の多くが漢字で構成されていて、その意味もほとんど同じ」

　こうした韓国語の特徴をつかめれば、さらに関心が高まります。

　同時に、韓国語の表記となっているハングルの機能性に着目することもあるでしょう。

　最初は複雑な記号にしか見えなかったハングルに対する見方が変わるのです。

興味が持てる題材で韓国語を覚える

　ハングルというのは日本語の平仮名に相当しますが、母音と子音を効果的に組み合わせており、その仕組みさえ覚えれば、わりと短時間で読むことができるようになります。

　ただし韓国語は、日本人には発音で苦労する部分があります。

　なぜなら、日本語の１つ１つの文字の発音はすべて母音で終わるのですが、韓国語は母音で終わるものもあれば、子音で終わるものもあるからです。日本人は母音で終わる発音は問題なくできますが、子音で終わる発音で苦労します。

　とはいえ、あくまでも「慣れ」の問題です。

　ネイティブのように話すためには語学留学が必要かもしれませんが、韓国ドラマやK-POPを楽しむためであれば、そのエンタメという題材を活用して韓国語に親しんでいくのが一番です。そのなかで、韓国の人に理解してもらえる程度に発音もマスターすることができます。

　興味が持てない題材で韓国語を学ぶより、好きなエンタメに関連した単語や例文で韓国語のレベルを上げていきましょう。そうすれば、韓国ドラマやK-POPがもっともっと面白くなります。

BTSと東方神起の名前が
暗示していることは？

グループ名から何がわかるか

　世界的に絶大な人気を誇るBTS（防弾少年団）と東方神起。この2つのグループ名は漢字で成り立っていますので、日本人から見ても、比較的わかりやすいでしょう。

　まずは、このグループ名の漢字を韓国語で表記してみます。

　　防弾少年団　방탄소년단 (パンタンソニョンダン)
　　東方神起　동방신기 (トンバンシンギ)

　韓国語で読んでみても、どことなく親しみが湧いてきます。それは、韓国語の発音が日本語と似ている部分があるからです。

　具体的に見てみましょう。まず、防弾少年団から。
「弾」は「탄 (タン)」となりますが、日本語の音読みとほぼ発音が同じです。そして、「団」は「단 (ダン)」となり、こちらは韓国語でも日本語でもまったく同じです。

　トータルで読んでみると、「パンタンソニョンダン」という韓国語は日本語の「ぼうだんしょうねんだん」と、どことなくニュアンスが似ているように感じます。

　次に、東方神起を見てみます。
「神」は「신 (シン)」となり、韓国語でも日本語と発音が同じです。「起」は本来は「기 (キ)」と発音しますが、韓国語の通例（前に他の発音があるときは濁音になりやすい）によって、ここでは「ギ」と発音

します。

つまり、「神起」は韓国語では「シンギ」となるわけです。それでも、日本語とほとんど同じです。

ちなみに、「気」「機」「奇」「企」「基」「技」といった漢字も韓国語では「기（キ）」となります。

韓国語の漢字の読み方は1つだけ

韓国語で両方のグループ名にある「방（パン）」という文字をみてみましょう。防弾少年団の「防（ぼう）」であり、東方神起では「方（ほう）」に該当します。

実は、韓国語で「방」に当てはまる漢字は、他に「放」「邦」「芳」「紡」などがあります。

この例のように、日本語の発音が同じ漢字が韓国語では1つの文字にあてはまる、ということがよくあります。

日本語と韓国語の漢字の読み方に共通点があるのには理由があります。漢字は中国が発祥ですが、朝鮮半島を通って日本に伝わってきた割合も多く、それによって「日本語の漢字の音読み」は韓国語の影響を受けているようです。

ちなみに、日本では1つの漢字でも読み方が複数ありますが（音読みや訓読みなど）、韓国語の漢字の読み方は原則的に1つだけです。なので、韓国語を勉強する際には、漢字の読み方を1つだけ覚えていけばいいのです。

びっくりするほど日本語と似ている言葉

韓国ドラマを見ていて、出演者のセリフについて「あれっ、今、日本語をしゃべったのかな？」と思ったことはありませんか。

たとえば、次にあげる漢字を韓国語で読んでみます。

地理 → チリ	無視 → ムシ
家具 → カグ	無理 → ムリ

いかがでしょうか。具体的にハングルで見てみましょう。

地理 → 지리 (チリ)	無視 → 무시 (ムシ)
家具 → 가구 (カグ)	無理 → 무리 (ムリ)

　漢字の読み方が日本語と韓国語で同じになっています。こういう言葉がいくつもあるので、韓国ドラマを見ていて、日本語を話したのかな、と錯覚してしまうわけです。

　その典型が「高速道路」という単語かもしれません。日本語で読めば「こうそくどうろ」ですが、韓国では次のようになります。

高速道路 → 고속도로 (コソクドロ)

　このように、漢字4つの単語でも韓国語と日本語の発音がほぼ同じものがあります。さらに、発音が似ているものを取り上げましょう。

調味料 → 조미료 (チョミリョ)	期間 → 기간 (キガン)
単価 → 단가 (タンガ)	簡単 → 간단 (カンダン)
余裕 → 여유 (ヨユ)	徒歩 → 도보 (トボ)
計算 → 계산 (ケサン)	

　上記の中で、기간 (キガン)、단가 (タンガ)、간단 (カンダン) という単語は、純粋に文字のとおりに韓国語で発音すると、それぞれ「キカン」「タ

ンカ」「カンタン」となって日本語とまったく同じです。

　しかし、韓国語では語中（言葉の一番最初の発音ではないということ）の発音は濁音になりやすいという特徴から、それぞれが濁音で発音されています。

　文字のとおりの発音なら、各単語の発音は韓国語と日本語で同じなのです。

　また、「漢字の読み方」だけではなく、実は日本語と韓国語には根本的に一致するところがあります。その最たるものは、文章の語順がまったく同じだということです。これはとても重要な共通点になります。

　他の言語と比較してみましょう。英語や中国語の場合は、「主語＋述語＋目的語」という語順になっています。しかし、韓国語は主語が最初で、最後に述語が来ます。そういう点で語順が日本語と完全に同じなのです。しかも、助詞を使うところも共通しており、日本語を韓国語に訳すときはそのまま順番通りに直していけばいいのです。これならば頭の中でとても整理しやすいことでしょう。

　仮に英語や中国語のように、韓国語の語順が日本語と異なっていたとすれば、頭の中で整理しながら文章を組み立てていかなければなりません。それだけ手間がかかるのですが、韓国語なら日本語と言葉の流れが同じですから、頭の中で妙に戸惑うことはありません。これは本当に助かる利点です。

　こうした共通点を生かせば、日本人は他の外国の人に比べて効率的に韓国語を学ぶことができます。やはり隣国同士なのです。

　文化や生活習慣と同じように、言葉のうえでも両国は似ている部分があり、そこに着目することが大切です。

　しかも、教材は大好きな韓国ドラマやK-POP。この利点を大いに生かしましょう。

知っておくと何にでも使える
「魔法の言葉」

発音しやすい決まり文句を最初に覚えよう

K-POPのスターのサイン会があって、直接サインをもらえる機会があったとしましょう。

あこがれのスターに会ったときに少しでもしゃべれるようにしたいと思って、一生懸命に韓国語を勉強して、そのサイン会に出かけました。しかし、スターを目の前にして感激のあまり頭の中が真っ白になってしまって何もしゃべれなかった……という経験を持った人もいるかもしれません。

たとえ頭が真っ白になったとしても、何かをしゃべれるかどうか、ということが大切なのです。

赤ちゃんが言葉を覚えていく過程を思い出してみましょう。文字から覚えているわけではなくて、耳から入ってきた断片的な発音に慣れていって、言葉の数をどんどん増やしていきます。

それと同じように外国語をマスターするときも、本当によく使われている言葉を頭にしっかり記憶させることが、ボキャブラリーを増やしていける秘訣だと思います。

人間の気持ちというのは、ボディランゲージで6割以上は表現できると言われています。そのうえで、いつでも話せる決まり文句というものをしっかり覚えておけば、少なからず何か一言でも二言でもしゃべれるということになります。

そこで、韓国語のなかで非常によく使われている「魔法の言葉」をいくつか選んでみました。日本人でも非常に発音しやすいものば

かりで、表記されているカタカナの通りに読んでも十分意味が通じます。

좋아요 ｜ チョアヨ

「좋아요（チョアヨ）」というのは、「いいです」「良いです」という意味です。ただし、使うシチュエーションによって意味合いが変わってきます。

誰かに会って「最近はどう？」と言われたとき、「좋아요」と答えれば「（気分、お天気などが）いいです」という意味になります。

食事に誘われたときに「좋아요」と言えば、「OK です」という承諾の意味になります。

状態や自分の気持ちを肯定的に表すときに、いろいろ使える言葉です。

似た言葉で、「좋아（チョア／好き）」に「해요（ヘヨ／します）」をつけた「좋아해요（チョアヘヨ）」は、英語の LOVE に当たる「好きです」という意味になります。

괜찮아요 ｜ ケンチャナヨ

韓国語を知らない人でも聞いたことがある言葉ではないでしょうか。「大丈夫です」「構いません」という意味で使われることが多い言葉です。

実際に韓国に旅行に行くと、「괜찮아요（ケンチャナヨ）」はしょっちゅう交わされます。

たとえば、電車の中でちょっと誰かにぶつかって「すみません」と言った場合、相手から「괜찮아요」と言われれば、「大丈夫ですよ」

という意味になります。

ショッピングで物をすすめられたときに、気に入らなければ手を横に振って「괜찮아요」と言えば、「構いません（それは必要ありません）」という意味になります。

ただし、韓国人の性格を評して「괜찮아요精神」という言い方もあります。

これは「何でも大丈夫」というニュアンスがある一方で、「適当にすませる」とか「いい加減」という意味も含んでいます。

とはいえ、笑顔で「괜찮아요」を使えば、おおらかな気持ちになれるでしょう。

주세요 ｜ チュセヨ

「주세요（チュセヨ）」は日本語で「ください」という意味です。買い物や食事の場面でほしい物や希望を相手に伝える場合に、この「주세요」という言葉はひんぱんに使われます。

お店に行って何かを選んで「주세요」と言えば、「その品物をください」という意味になります。

食堂で料理の写真がついたメニューを見ながら、特定のものを指さして「주세요」と言えば、それはまさに「この料理をください」という意味になります。

ただ、韓国語は語頭でなくて語中になると濁音化しやすいという傾向があります。

「주세요」の場合も、何か前に名詞がついたりすると発音は「ジュセヨ」になります。

たとえば、「牛乳ください」という場合だと「우유（ウユ）　주세요（ジュセヨ）」となって、「チュセヨ」が「ジュセヨ」と濁音化しますので、その点を注意しましょう。

어때요? ｜ オッテヨ

「어때요？（オッテヨ）」は、誰かと会ったときに「どうなの？」や「どうですか？」という意味で使う言葉です。

人との会話のきっかけになる決まり文句で、韓国の人はとてもよく使います。

たとえば、食事をしているときに料理を指さしながら「어때요？」と言えば、「味はどう？」という意味になります。自分が着ている服をつまんで「어때요？」と言えば、「この服どう？」と服の感想を求めていることになります。

どんな場合でも、会話の始まりとして一番口にしやすい言葉です。

안돼요 ｜ アンデヨ

この言葉には、「ダメです」「できませんよ」という意味が強く込められています。

旅行に行くと、いろいろ勧誘されることもあると思います。きっぱり断る必要があるときには、この「안돼요（アンデヨ）」を使えばいいでしょう。

また、誰かがやってはいけないことをやろうとしていたら、「ダメですよ」という意味でも使ったりします。

「안돼요」という言葉は、自分の否定的な意思をはっきりさせるという意味で、よく使われる言葉です。

재미있어요 ｜ チェミイッソヨ

この言葉は、「面白いですね」とか「興味あります」という意味です。

たとえば、映画やライブなどに行って「どうだった？」と感想を聞かれたときに、「面白いですね」とか「興味あります」という返事

をしたければ、「재미있어요 (チェミイッソヨ)」と言います。

　面白いコンテンツがあったら「재미있어요」と言うことで、自分が本当に楽しんでいるということを周囲に伝えることができます。

미안해요 ｜ ミアネヨ

　自分が何かミスをしたときには、相手に対して謝罪する必要があります。

　韓国語には謝罪の言葉がたくさんありますが、一番簡単に言えるのが、この「미안해요 (ミアネヨ)」という言葉です。「すみません」「ごめんなさい」という意味です。

　日本語でも「すみません」という言葉はいろいろな用途で使う機会がありますが、韓国でも「미안해요」という言葉を覚えておけば、謝罪の気持ちを素直に表すことができます。頭を下げて「미안해요」と言えば、さらに誠意が伝わるでしょう。

그만해요 ｜ クマネヨ

　誰かにしつこく何かを勧誘されたとき、「그만해요 (クマネヨ)」と言えば、「やめてください」という意味になります。

　対人関係のなかで、誰かにある行動をやめてもらいたいことはよくあります。

　そういうときは、しっかりと意思表示しなければいけません。そのときにこの「그만해요」というのは効果がある言葉です。

　韓国ドラマを見ていても、相手がしつこく言ってくる場面で、よく「그만해요」と言葉を返しています。

　さらに強烈に言うなら、「요 (ヨ)」を取って「그만해! (クマネ)」と大声で言えば迫力が増します。

K-POP の恋愛の歌詞に
よく出てくる 24 の言葉

使うときは語尾が変化する

K-POP の曲のなかで恋愛を扱った歌詞を分析すると、ひんぱんに出てくる言葉があることに気づきます。それらは、男女の恋愛の行動や感情でよく使われる動詞や形容詞です。

実際に、ラブソングの歌詞にはどんな言葉がよく使われているでしょうか。ここでは、24 個ピックアップしました。

なお、ここで挙げている動詞・形容詞は原型で、実際に使われるときは語尾が変化します。

まず最初は、歌詞のなかでもっとも多く登場する愛情表現の動詞です。

Vocabulary 歌詞によく出てくる動詞 6

□ 사랑하다（サランハダ）愛する　□ 좋아하다（チョアハダ）好きだ

□ 믿다（ミッタ）信じる　　　　　□ 반하다（パナダ）惚れる

□ 행복하다（ヘンボッカダ）幸福だ　□ 사귀다（サキダ）つきあう

この 6 つの動詞は K-POP の歌詞の基本中の基本です。恋愛に夢中になっているときの言葉ばかりです。

なお、実際に使われる場合の語尾について「사랑하다」を例に説明します。

かしこまった丁寧な形が「합니다（ハムニダ）体」と呼ばれるもので、「사랑합니다（サランハムニダ）」となります。日本語なら「愛しています」

という意味です。

　次に、打ち解けた丁寧形と言えるのが「해요（ヘヨ）体」で、この場合は「사랑해요（サランヘヨ）」となります。日本語なら「愛してます」という感じです。

　さらに、「사랑해요」の「요」を取った「사랑해（サランヘ）」という形は「반말（パンマル）」、いわゆるタメぐちです。「愛してる」というニュアンスで同年齢の相手や年下に対して使います。

　３つの語尾のなかで、歌詞やセリフに一番多く出てくるのは、パンマルの「사랑해（サランヘ）」でしょう。文字数が少ないので、歌詞では特に使われやすいです。

　他の動詞も「ハムニダ体」「ヘヨ体」「パンマル」の３つの形があると覚えておきましょう。

別れを語る言葉を覚える

　次は、恋愛につきものの別れや悲しみを表す言葉です。

　恋愛はハッピーエンドになればそれに越したことはありませんが、実際にはうまくいかない恋愛も多いもの。しかも、別れには多くのストーリーがあります。

　なので、恋愛の曲には別れのシーンや悲しい想いを表現する歌詞が多いのでしょう。

　そのような歌詞で使われる言葉を集めてみました。

Vocabulary 恋愛の辛さや別れを描いた動詞・形容詞６

□ 끝나다（クンナダ）終わる　　　□ 떠나다（トナダ）離れる

□ 쓸쓸하다（スルスラダ）寂しい　　□ 헤어지다（ヘオジダ）別れる

□ 슬프다（スルプダ）悲しい　　　□ 포기하다（ポギハダ）あきらめる

K-POP にかぎらず古今東西のラブソングは、恋愛の辛さや別れを描いたものがとても多いのです。そのほうが聴いていても余韻が残ります。

ただ、「헤어지다 (ヘオジダ)」という言葉にはドキッとしてしまいますが……。

愛する人への気持ちや行動を表す動詞

次の動詞は、恋愛を前向きに進めていく場合によく使われるものです。

誰かを好きになれば、その人と一緒に過ごしたいと思いますし、一緒にいろんなことをやっていきたいはずです。あるいは、愛する人を守ろうとしたり……。

そういうときによく使われる言葉を集めてみました。

✎ Vocabulary 恋愛を前向きに進めるための動詞6

□ 필요하다 (ピリョハダ) 必要だ　　□ 빠지다 (パジダ) はまる

□ 바라다 (バラダ) 願う　　□ 지키다 (チキダ) 守る

□ 만들다 (マンドゥルダ) 作る　　□ 따라가다 (タラガダ) ついていく

K-POP の歌詞や韓国ドラマのセリフでは、「필요 (ピリョ)」という言葉がよく出てきます。

「必要」と強調することが、相手への真剣な想いを伝える上で欠かせないのです。

恋愛の感情を表す動詞

最後は、恋愛によって起こる様々な感情や行為を表す動詞を集めました。

泣いたり、笑ったり、いろんなことを悟ったり、約束したりということをストレートに表しています。

✏️ **Vocabulary** 恋愛時の感情や行為を表す動詞6

울다（ウルタ）泣く　　　　　미치다（ミチダ）熱中する

웃다（ウッタ）笑う　　　　　깨닫다（ケダッタ）悟る

느끼다（ヌッキダ）感じる　　약속하다（ヤクソッカダ）約束する

　「미치다（ミチダ）」という動詞は日本語で「狂う」と訳されて相手を非難するときにも使われますが、恋愛で使われるときは「熱中する」「没頭する」「夢中になる」というようなニュアンスがあります。この言葉もよく歌詞やセリフで使われる言葉です。

 Column 感情を表現する言葉

　人間のありふれた感情を表わす韓国語を整理してみましょう。喜怒哀楽を出すということは、人間の素直な感情表現だと言えるでしょう。

　　　기쁘다（キップダ／うれしい）
　　　즐겁다（チュルゴプタ／楽しい）
　　　재미있다（チェミイッタ／面白い）
　　　외롭다（ウェロプタ／さびしい）
　　　괴롭다（クェロプタ／つらい）
　　　밉다（ミプタ／憎い）
　　　두렵다（トゥリョプタ／恐い）
　　　부끄럽다（プックロプタ／恥ずかしい）
　　　부럽다（プロプタ／うらやましい）

憧れのスターへの呼びかけの言葉を覚えよう

親しみをこめて呼んでみたい

ファンミーティングやライブに行くと、みなさんがスターによく大声で呼びかけています。そのときに、「チャン・グンソク・シ！」のように、名前に「씨（シ）」を付けることがよくあります。「씨」は「氏」という意味の敬称です。

ただし、韓国で名前に「씨」を付けると、ていねいなのですが、どこか他人行儀な、かしこまった感じもします。ファンはスターに親しみを感じているので、もっと感情がこもった呼び方でもいいかもしれません。

人の名前を呼びかけるときのパターンは決まっています。日本語だと「さん」とか「ちゃん」ですが、韓国人が誰かに呼びかけるときは、名前の後に「아（ア）」か「야（ヤ）」を付けます。

前者は名前の最後にパッチム（その音の一番最後の子音のこと）があるとき、後者はパッチムがないときです。

以下は、その実例です。

● 名前の終わりにパッチムがあるときは、続けて「아（ア）」をつける

　　수진（スジン） → 수진아（スジナー）

● 名前の終わりにパッチムがないときは、続けて「야（ヤ）」をつける

　　상구（サンク） → 상구야（サンクヤー）

呼びかけていますので、「スジナー」「サンクヤー」と語尾が伸びます。

また、「수진아」は文字のとおりなら「スジンアー」と読むところ

ですが、リエゾン（連音化）によって「スジナー」と読むことになります（韓国語の発音のリエゾンについては 120 ページで解説しています）。

「オッパー」と呼びかける女性が多い

韓国語には人を呼ぶときの言葉がさまざまあります。それをここで整理しましょう。

🌸 님 (ニム)

これは「〜様」を意味しています。名前や役職に続けて付けます。

🌸 선생님 (ソンセンニム)

こちらは「〜先生様」という意味です。学校の先生や医師などに呼びかけるときに使いますが、それ以外でも、相手を尊敬する気持ちを込めて名前の最後に付けます。

また、韓国では年上の人を呼ぶときに、言う側と言われる側の性別によって、呼称が変わります。

🌸 呼ぶ側も呼ばれる側も男性　→　형님 (ヒョンニム) 兄様

🌸 呼ぶ側が男性、呼ばれる側が女性　→　누나 (ヌナ) 姉さん

🌸 呼ぶ側も呼ばれる側も女性　→　언니 (オンニ) 姉さん

🌸 呼ぶ側が女性、呼ばれる側が男性　→　오빠 (オッパ) 兄さん

上の呼称のなかで、エンタメ関連でよく聞く言葉は、「오빠 (オッパ)」でしょう。

たとえば、韓国ドラマでは、恋人同士で女性が男性に「오빠」と呼びかけるシーンがとても多いです。それは、男性が女性より年上のケースが多いからでしょう。このときには、女性が男性にとても甘えている雰囲気がよく出ています。やはり、「오빠」という響きには、「頼れる兄さん」というニュアンスがあるのです。

実際、韓国では、新婚夫婦でも恋人時代の延長のつもりで妻が夫に「오빠」と呼びかけることがよくあります。

他人から見れば、「結婚してもう夫婦なのになぜ？」と思われるか
もしれませんが、当人たちにしてみれば、まだ恋愛感情を大いに楽
しんでいたいのでしょう。

　また、プロスポーツの競技場でも音楽ライブの会場でも、女子高
校生が「오빠！」「오빠！」とお目当ての男性に歓声をあげている場
面がよく見られます。

　あまりに目立つので彼女たちは「오빠軍団」と呼ばれることもあ
ります。それだけ韓国では「오빠」の出番が多いのです。

　その一方で、TWICE や BLACKPINK など世界的なガールズグルー
プも増えて、女子中高生がライブ会場で「언니（オンニ）」とガールズ
グループのスターたちに歓声をあげることも日常的です。

　この「언니」という言葉には、本当に親しみが込められたニュア
ンスがあります。たとえば、韓国の食堂で女性同士の会話を見てい
ると、年下の女性が年上の女性に甘えたように「언니」を連呼して
いる光景をよく見かけます。「언니」と呼ばれた年上の女性も後輩を
本当に可愛がっている様子がうかがえて、韓国での女性同士の付き
合いの濃密さが実感できます。

　そういうノリで若い女性がガールズグループのスターに呼びかけ
ている光景は、とても微笑ましく感じられます。

恋愛感情を豊かに表現する連体形

セリフや歌詞を豊かにする

韓国で放送されるドラマは、ほとんどが恋愛ドラマだと言っても過言ではありません。

仮に、医療ドラマ、警察ドラマ、ホームドラマといったジャンル分けができたとしても、内容を見ると、医者や警察官や家族の恋愛がストーリーのメインになるのです。

韓国のドラマは主人公たちの恋愛問題なくしては話が先になかなか進みません。それだけ、恋愛感情を表すセリフが多くなります。

K-POP の歌詞も恋愛がメインのテーマです。ストレートな感情を表現する言葉がズラリと並びます。

このような場合、韓国語の中で多用されるのが連体形です。

連体形は「名詞を修飾する用言の形」のことです。

たとえば、恋愛感情を表すセリフや歌詞には、「愛」「恋」「心」「胸」「思い出」「出会い」といった名詞がたくさん出てきますが、大事なのは、名詞を修飾する感情表現です。

そうした表現がセリフや歌詞を豊かに彩り、受け取る人たちを感動させます。

このような表現手段として多用されるのが連体形であり、その用法を覚えることで、エンタメの詩的世界に入っていくことができます。

まずは、連体形の例を紹介しましょう。

「소중한 사람 (ソジュンハン サラム)」という言葉では、形容詞の「소중한 (ソジュンハン／大切な)」が、名詞の「사람 (サラム／人)」を修飾しています。

連体形は、付ける語尾が品詞（動詞や形容詞）や時制（過去形、現在形、未来形）で変化します。また、パッチムの有無でも違ってくることがあります。

よく出てくる連体形を覚えよう

ここでは、ドラマのセリフや K-POP の歌詞によく登場する連体形を取り上げます。

● 사랑하는 마음　サランハヌン マウム　愛する心

「사랑하다 (サランハダ／愛する)」の「사랑하」という語幹を残して「다」を取ってしまい、語尾の「는」を付けて連体形にしています。連体形の一番オーソドックスな形です。「마음 (マウム)」は「心」という意味で、よく使われる言葉です。

● 떨리는 가슴　トルリヌン カスム　震える胸

「떨리다 (トルリダ／震える)」の「떨리」という語幹を残して「다」を取り、語尾の「는」を付けて連体形にしています。「가슴 (カスム)」は「胸」という意味で、「気持ち」「心」の意味でも使います。

● 좋았던 추억　チョアットン チュオク　良かった思い出

「좋았다 (チョアッタ／良かった)」という過去形の語幹の「좋았」に、過去形に付ける語尾の「던」を付けて連体形にしています。「추억 (チュオク／追憶)」は「思い出」の意味で使われます。

갈 예정　カル イェジョン　行く予定

これは未来の連体形。「가다（カダ／行く）」の語幹の「가」に未来形に付ける語尾「ㄹ」を付け「갈」という連体形にしています。「예정（イェジョン）」は「予定」です。

Vocabulary 恋愛感情を表す連体形

☐ 기쁜 소식（キップン ソシク）
　うれしい消息

☐ 귀여운 미소（キヨウン ミソ）
　美しい微笑み

☐ 즐거웠던 매일
　（チュルゴウォットン メイル）
　楽しかった毎日

☐ 나쁜 놈（ナップン ノム）
　悪い奴

☐ 예쁜 너（イェップン ノ）
　かわいい君

☐ 멋진 표정（モッチン ピョジョン）
　かっこいい表情

Column 韓国語でも四字熟語をよく使う

韓国ドラマのセリフを聞いていると、四字熟語がよく出てきます。しかも、日本語で使われている四字熟語と同じものがとても多いのです。

ただし、日本語にはない四字熟語もありますので、そのあたりはよく見極めることも必要です。ここでは韓国語と日本語でほとんど意味が同じものを紹介します。

試行錯誤　→　시행착오（シヘンチャゴ）

唯一無二　→　유일무이（ユイルムイ）

反面教師　→　반면교사（パンミョンギョサ）

因果応報　→　인과응보（イングァウンボ）

多情多感　→　다정다감（タジョンダガム）

人生無常　→　인생무상（インセンムサン）

語尾がわかると韓国語が上達したようでうれしい

語尾の多様性が表現の豊かさにつながる

　韓国ドラマを見ていていつも思うのは、会話のときに韓国語の語尾にはたっぷりと感情がこもるということです。語順の都合で述語が最後にくることも大いに関係しています。表現の豊かさはまさに、語尾の多様性がつくりだしていると言っても過言ではありません。

　K-POP の歌詞も同様です。曲の場合は使える文字数にかぎりがありますので、縮約形の語尾が多くなりますが、それがまた軽快なリズムにマッチすることが多いようです。

　この語尾の使い方がわかってくると、韓国語が上達したように感じられてうれしいものです。ぜひ、そういう気分をたくさん味わってください。

　ここでは、使われる回数が多い象徴的な語尾をピックアップしました。セリフや歌詞でおなじみの語尾ばかりです。

지 (ジ) 〜だろ

　この語尾は「〜だろ」というように相手に同意を求めるようなニュアンスで使われます。たとえば、「알았지 (アラッチ／わかっただろ)」という使い方をします。

죠 (ジョ) 〜です

　先に説明した「지」にていねいな「요」を加えると「지요 (ジョ)」になりますが、その縮約形が「죠 (ジョ)」で「〜です」「〜でしょう」

という意味になります。「누구죠？（ヌグジョ）」なら「誰ですか？」
ということです。

네요（ネヨ）〜ですね

おだやかな表現につながる「〜ですね」といった感じの語尾です。
たとえば「재미있네요（チェミインネヨ／面白いですね）」のように使い
ます。自分が思ったことを相手に率直に伝えるときに多用され
ます。

자（ジャ）〜しよう

これは「〜しよう」を意味する命令形です。たとえば、「헤어지
자（ヘオジャ／別れよう）」というセリフはドラマによく出てきます。
また、友人同士が一緒に何かをしよう、と呼びかけるシチュエー
ションでも使われます。「가자（カジャ／行こう）」などです。

야（ヤ）前の言葉の強調

これも会話の中で本当によく出てくる語尾で、前の言葉を強調
する効果があります。「정말이야？（チョンマリヤ？／本当なのか？）」
というように使います。

봐（バァ）〜してみろ

この語尾は「〜してみろ」と相手に呼びかけるときに使います。
「생각해 봐（センガッケ　バァ／考えてみろ）」といった感じです。

않아（アナ）〜ではない

意味としては「〜ではない」となります。疑問形であれば、「이
상하지 않아？（イサンハジ アナ？／おかしくない？）」のように使います。

마 (マ) ～するな

本来なら「마라 (マラ)」という語尾で「～するな」という意味ですが、「라」が省略されて「마」だけになることが多いです。「걱정하지 마 (コッチョンハジ マ／心配するな)」「가지 마 (カジ マ／行くな)」といった使い方をします。

해 (ヘ) ～しろ

この語尾は命令形で「～しろ」という意味です。「마음대로 해 (マウムデロ ヘ／好きなようにしろ)」といった使い方をします。

구나 (グナ) ～だね

「～だね」という意味で、事実を知ってうなずくときによく使います。「하는구나 (ハヌングナ)」という語尾であれば、「するんだね」という意味になります。

줘 (ジョ) ～してくれ

「信じてくれ」という韓国語を例に取りましょう。

表現は「믿다＋～어 주다」が基本の形になります。「믿다 (ミッタ／信じる)」と「～어 주다 (オ チュダ／してくれる)」の組み合わせですが、これが縮約形の命令調になると、「믿어 줘 (ミド ジョ／信じてくれ)」となるのです。他の例も見てみます。

「듣다 (聞く) ＋～어 주다」 → 「들어 줘 (トゥロ ジョ／聞いてくれ)」

「말하다 (言う) ＋～어 주다」 → 「말해 줘 (マレ ジョ／言ってくれ)」

このように「들어 줘」「말해 줘」といった、「～줘」という語尾になります。

男女が別れるときの会話

　同じ年齢の男女が別れるときを想定した会話例を紹介しましょう。冒頭だけていねいな言葉ですが、同い年なのであとはずっとパンマル（タメぐち）です。

누구죠？　ヌグジョ　誰ですか？

나야．　ナヤ　私よ。

뭐야？　ムォヤ　何だよ？

할 말이 있어．　ハル マリ イッソ　話したいことがある。

말해 봐．　マレ バァ　言ってみて。

헤어지자．　ヘオジジャ　別れよう。

설마！　ソルマ　まさか！

알았지？　アラッチ　わかった？

잘 생각해 봐．　チャル センガッケ バァ　よく考えてみろ。

정말이야．　チョンマリヤ　本当よ。

이상하지 않아？　イサンハジ アナ　おかしくない？

그렇게 됐어．　クロッケ テッソ　そうなったの。

마음대로 해．　マウムデロ ヘ　好きなようにしろ。

괜찮지？　ケンチャンチ　大丈夫？

신경쓰지 마．　シンギョンスジ マ　気にするな。

미안해．　ミアネ　ごめん。

PART 2

単語力アップで
韓流エンタメ
自由自在！

韓国ドラマでよく使われる単語を マスターしよう

ドラマの制作スタッフを意味する韓国語

ここでは、韓国のドラマに関係する言葉を取り上げます。

まず、「ドラマ」は韓国語で「드라마 (トゥラマ)」と発音します。

発音の最初は濁音になりません。これは韓国語の大きな特徴です。それにしたがって、「ドゥラマ」ではなく「トゥラマ」となるのです。「監督」は「감독 (カムドク)」と言って、俳優が監督を呼ぶときは「様」に当たる「님 (ニム)」を付けて、「감독님 (カムドンニム)」になります。韓国語は言いにくい発音のときは言いやすいように変化するという特徴があり、「カムドクニム」だと言いにくいので、「カムドンニム」になるわけです。

なお、ドラマの制作現場では、監督という名称より「PD」、すなわち「피디 (ピーディー)」という言い方をよくします。これは「プロデューサー (프로듀서)＆ディレクター (디렉터)」を意味する言葉で、制作全般の決定権を持つという権限の強い立場を示しています。

こうした PD は当初は放送局の社員だったとしても、演出作品が成功すると独立して自分の制作会社を作ったりします。このあたりは日本とかなり事情が違います。「演出」は「연출 (ヨンチュル)」、「撮影」は「촬영 (チャリョン)」と言い、「登場人物」は「등장인물 (トゥンジャンインムル)」となります。

ドラマを制作する前に特に重要なのが「시놉시스 (シノプシス)」。これは本来は英語で「あらすじ」という意味で、韓国でよく使われる言葉です。

たとえば、新しいドラマの話題になると、「シノプシスはどうなっているか」とか「俳優もこのドラマのシノプシスを読んで出演を決めた」とか。この言葉を韓国の制作陣は特に重視しています。

　シナリオは「台本」という漢字をハングルで読んで「대본 (テボン)」となります。「脚本」なら「각본 (カクボン)」です。なお、日本では「脚本家」という言い方をよくしますが、韓国ではシナリオを書く人も「작가 (チャッカ／作家)」です。

　日本では作家と言うと小説家のイメージが強いですが、韓国では脚本家（シナリオライター）も作家と呼ばれています。

俳優に関する韓国語

　俳優は「배우 (ペウ)」と言い、女優は「여배우 (ヨペウ)」です。「여」は「女」を表しています。

　現在の韓国ドラマで有名な男性なら、박서준 (パク・ソジュン)、박보검 (パク・ボゴム)、이종석 (イ・ジョンソク)、지창욱 (チ・チャンウク)、공유 (コン・ユ)、정해인 (チョン・ヘイン)、김수현 (キム・スヒョン)、준호 (ジュノ／2PM)、송강 (ソン・ガン) といった人たちでしょう。

　なお、俳優の場合、「演技者」という意味で「연기자 (ヨンギジャ)」という単語もよく使います。

　また、主役は「主演」という単語を当てて「주연 (チュヨン)」と言います。共演者は「助演」という意味で「조연 (チョヨン)」とよく呼びます。

視聴者の意見が重要

　ドラマの人気は視聴者によって支えられています。「視聴者」という言葉は、韓国語でも日本と同じ漢字で「시청자 (シチョンジャ)」と言います。

ドラマのホームページを見ると、「시청자」の「의견（ウィギョン／意見）」がたくさん書き込まれています。

　韓国ドラマの場合はリアルタイムで視聴者からいろんな意見が寄せられ、それを見て脚本家が話の内容を変えることがよくあります。

　このように、「시청자」の意見が韓国ではとても重宝されると言えます。

✎ **Vocabulary** ドラマ関連用語

□ 監督 감독（カムドク）	□ 演出 연출（ヨンチュル）	
□ 制作 제작（チェジャク）	□ 放送 방송（パンソン）	□ 編集 편집（ピョンジプ）
□ 原作 원작（ウォンジャク）	□ 台本 대본（テボン）	□ 作家 작가（チャッカ）
□ 出演 출연（チュリョン）	□ 登場人物 등장인물（トゥンジャンインムル）	
□ 音楽 음악（ウマク）	□ 美術 미술（ミスル）	※ハングルの単語表記で、文字の間にところどころ隙間がありますが、これはカタカナのルビを入れるためにできたもので、本来は文字の間は均等です。他も同様です。
□ 視聴率 시청률（シチョンニュル）	□ 録画 녹화（ノッカ）	

恋愛ドラマは韓国語学習にいい

　韓国ドラマには吹替版と字幕版がありますが、字幕版の場合は韓国語の発音をダイレクトに聞けるので、韓国語の学習にも最適です。

　ただし、韓国語講座のレッスンがゆっくりわかりやすく話してくれるのに対し、普通のドラマは早口だったりするので聞き取りにくい部分もあります。とにかく、何回も見て耳で覚えることが一番ですが、字幕もうまく利用しましょう。字幕を頼りにしながら、ハングルのなかのキーワードがわかれば、ただボーッと見ているのとはかなり違ってくるはずです。

　さらに、ドラマの中で人と人が出会ったときの挨拶は、韓国語学習のいい教材になります。タメぐちなのか、敬語を使っているのか。

それを聞いていると、韓国語のニュアンスがだんだんわかってくるでしょう。逆に、喧嘩していたり、相手を罵倒するときの言葉は強烈で、話す人も早口です。韓国語の聞き取りをするのには相当に難しいです。

むしろ、恋人同士がお互いの気持ちを確認しあうような場面を重点的に見ましょう。そういう場面は、本当にゆっくりわかりやすく話しているので、注意して聞いていれば、韓国語のエッセンスを理解できるようになってきます。

Dialogue　ドラマについての会話

요즘 인기있는 드라마가 있어요?

ヨジュム インキインヌン トゥラマガ イッソヨ?
最近 人気のある ドラマが ありますか?

『구르미 그린 달빛』은 좋아요.

クルミ クリン タルビチュン チョアヨ
『雲が 描いた 月明り』は いいですね。

박보검 , 이 배우는 너무 멋있어요.

パク・ボゴム イ ベウヌン ノム モシッソヨ
パク・ボゴム、この 俳優は すごく 素敵です。

『오징어게임』의 감독이 누구인가요?

『オジンオゲイム』エ カムドギ ヌグインガヨ?
『イカゲーム』の 監督は 誰ですか?

배수지는 연기를 정말 잘해요.

ペ・スジヌン ヨンギル チョンマル チャレヨ
ペ・スジは 演技が 本当に 上手です。

歌詞＆セリフによく出る「タメぐち」重要用語

立場ごとに言葉を使い分けよう

韓国ドラマをたくさん見たりK-POPの歌詞を訳したりしていて、やはりテンポがいいのが、22ページでも説明した「반말 (パンマル)」、日本的に言えば「タメぐち」です。

韓国ドラマを見ていると、それぞれの立場によって言葉を使い分けていることがよくわかります。目上の人には尊敬語を使い、会社の同僚とか後輩に対してはタメぐちのパンマルを使ったりしています。韓国は長幼の序を守るお国柄なので、立場によって言葉を適切に使い分ける必要があるのです。

たとえば、自分のほうが年齢が上なのに年下の相手にパンマルを使われて腹が立って、「お前、どうしてパンマルを使ってんだ」と激しく怒ったりする場面が、ドラマに出てきたりします。

そういう意味では、パンマルは会話の相手やシチュエーションを考えて使わなければなりませんが、韓国ドラマのセリフやK-POPの歌詞を理解するうえでは、ぜひ覚えたい言葉です。

そこで、代表的なパンマルをピックアップしました。

代表的なパンマルを覚えよう

phrase　命令調のパンマル

걱정하지 마.	コッチョンハジマ	心配するな。
마음대로 해.	マウムデロヘ	好きなようにしろ。
말해 봐.	マレバァ	言ってみろ。

잘 생각해 봐. チャル センガッケ バァ　よく考えてみろ。

듣고 싶지 않아. トゥッコ シプチ アナ　聞きたくない。

これらを見ると、語尾が「마」になっていたり、「해」になっていたり、「봐」になったりしています。「마」の場合は「するな」、「해」や「봐」の場合は「してみろ」という意味があります。いずれも、韓国語で命令形の強い調子が出ている言葉です。

걱정 하지마

phrase　相手を突き放すパンマル

관심이 없어. クァンシミ オプソ　関心がない。

싫어. シロ　嫌だ。

몰라. モルラ　知らない。

그렇게 됐어. クロッケ テッソ　そのようになった。

이해가 안 돼. イヘガ アンデ　理解ができない。

相手を突き放すようなパンマルを5つ取り上げてみました。

それぞれ、丁寧語に当たる「요（ヨ）」を語尾につけると、パンマルというよりは、年上の人にも使える言葉になります。この「요」がついているかいないかで、言葉の意味合いが極端に変わってきます。そういう意味で、「요」という語尾は、パンマルを一気に丁寧語にする魔法の言葉だとも言えるでしょう。

phrase　怒りのパンマル

야! ヤ　おい!

시끄러. シクロ　うるさい。

이유가 뭐야? イユガ ムォヤ　理由がなんだ?

무슨 소리야?	ムスン ソリヤ	なんのことだ?
무슨 뜻이야?	ムスン トゥシヤ	なんのつもりだ?

今度は怒りのパンマルを5つ選びました。

韓国ドラマを見ていて、怒ったときによく出る言葉は「야！（ヤ）」で、日本的に言えば「おい！」という言葉に該当します。

この「야」は怒りの感情が表現されていて、他の言葉の語尾にも「야」がついています。

とにかく、韓国ドラマは登場する人物たちの自己主張が強く、お互いに言い争う場面が多いので、「怒りの言葉」がよく出てきます。こうした表現を聞き取れると、少しずつ韓国語が上達していることを実感できることでしょう。

 Column 電話で呼びかけるときのパンマル

韓国ドラマを見ていると、ひんぱんにパンマルが出てきます。たとえば電話をかけたときに相手が年下であれば、一番使われる言葉は「뭐해（ムォヘ）？」ではないでしょうか。これは「何してる？」という意味です。特に相手が恋人だと「今何をしているのか」が気になるので、常套句で「뭐해？」を使います。

この言葉をていねいに言うときは、「뭐 하세요（ムォ ハセヨ）？」（何していますか？）となりますが、パンマルならばぶっきらぼうに「뭐해？」と呼びかけていることでしょう。

電話ですから、相手の居場所がわからないときは、「어디야（オディヤ）？」もよく使われます。「どこにいる？」という意味です。こうしたパンマルを連続して使うと「어디야？」「뭐해？」となって相手の現状を尋ねる最適の質問になります。

相手のセリフに切り返す第一声に
ワクワクさせられる

言葉の応酬の始まり

　韓国ドラマを見ていていつも感心しているのが、相手の言葉を受けて放つ第一声の面白さです。相手に対する反応がダイレクトに第一声に乗り移っていて、真剣な演技とあいまって、見ている側も登場人物にそのまま感情移入ができます。韓国ドラマのセリフは相手との応酬が見事であり、その手始めとなっている第一声が特に重要なのです。

　そこで、韓国ドラマでよく出てくる第一声をまとめてみました。

phrase　否定の第一声

뭐야?	ムォヤ　なんだって？
아니야!	アニヤ　違う！
정말 실망이다!	チョンマル シルマンイダ　本当に失望だ！

　最初の「뭐야？」は、「ムォーヤー？」と一音ずつ語尾を伸ばすと、さらに怒りの度合いが強くなります。二番目の「아니야!」も「アニヤ」の「ア」に強いアクセントを置くと、強烈な否定になってきます。

　次は、相手を問い詰めるときの第一声です。

phrase　問い詰めるときの第一声

왜그래?	ウェグレ　なんでそうなの？
그럴리가 없어.	クロルリガ オプソ　そんなわけがない。
그래서	クレソ　それで

このなかで一番多く使われるのが「왜그래?」でしょう。相手をにらみつけて早口で言うと、凄い迫力が出ます。

それに対して「그래서」は、多少は相手の言い分を聞いてあげようという気持ちがあるときに使われます。

続いて、弁解するときの第一声です。

phrase　弁解の第一声

농담이야!	ノンダミヤ	冗談だよ！
오해야!	オヘヤ	誤解だ！
할 말이 있어.	ハル マリ イッソ	話すことがある。
한 번만 봐주세요.	ハン ボンマン バジュセヨ	一度だけ勘弁してください。

「농담이야！」と「오해야！」は、最初の音に強いアクセントを置きます。自分にもちょっと後ろめたいことがあるときには、その気持ちを隠すようなニュアンスで大声を出します。

最後の「한 번만 봐주세요」は、直訳すると「一度だけ見てください」となりますが、相手に許しを乞う気持ちを込めて弁解しているときによく使います。

次は、相手に同意を求めるときの決まり言葉です。

phrase　同意を求めるときの第一声

그렇겠지…	クロッケッチ	そうだよな…
니 말이 맞아.	ニ マリニ マジャ	君の言葉が合ってる（その通りだ）
안 그래?	アングレ	違うかな？

「그렇겠지…」や「니 말이 맞아」を言うときは、軽くうなづいているときが多いことでしょう。「안그래?」は疑問形になっていますが、

相手に同意を求めていることに変わりはありません。

　最後は、曖昧な気持ちを表す第一声です。

그냥…	クニャン	なんとなく…
글쎄요.	クルセヨ	そうだなあ。
나중에 이야기하자.	ナジュンエ イヤギハジャ	後で話をしよう。

「그냥…」は「そのまま」「ありのまま」という意味なのですが、用途が実に広いのです。

「なぜ、そんなことをしたんだ」と問い詰められたときに「그냥」といえば、「なんとなく……」という意味で答えをはぐらかすこともできますし、「私のことをどう思っているの?」と迫られたら「あるがままに……」と曖昧にすますことも可能なのです。

　何かをはっきり答えたくない、という場面はとても多いのですが、そんなときに「그냥」を使うと、とりあえずその場をやりすごすことができそうです。

韓国の時代劇を見るときに役立つ歴史用語

視聴率が一番高かった時代劇は何か?

　韓国では、時代劇のことを「사극 (サグッ)」と言います。発音だけを見るとイメージがわかないかもしれませんが、漢字では「史劇」と書きます。この漢字を見ると、いかにも時代劇であることがわかります。

　韓国では時代劇が大変人気があって、視聴率が高いものが多いです。ちなみに、歴代の視聴率で時代劇のランキングを見ると、次のようになっています (視聴率は韓国 AGB ニールセン調べ)。

Ranking 歴代の時代劇最高視聴率ランキング		
順位	作品名 (放送局／放送年)	視聴率
第1位	『허준』(MBC／1999年)	63.7%
第2位	『태조왕건』(KBS／2000年)	60.2%
第3位	『대장금』(MBC／2003年)	57.8%
第4位	『여인천하』(SBS／2001年)	49.9%
第5位	『주몽』(MBC／2006年)	49.7%
第6位	『용의 눈물』(KBS／1996年)	49.6%
第7位	『왕과 비』(KBS／1998年)	44.3%
第8位	『선덕여왕』(MBC／2009年)	43.6%
第9位	『장희빈』(KBS／2002年)	42.9%
第10位	『해를 품은 달』(MBC／2012年)	42.2%

作品タイトルは韓国語で表記していますが、どれくらいわかりましたか。

　時代劇の題名は短いものが多いです。典型的なのが、「時代劇の巨匠」と称されるイ・ビョンフン監督の作品です。この監督の時代劇はヒット作ばかりですが、題名は2文字か3文字です。そのあたりは徹底しています。

　それでは、さきほどの時代劇のタイトルを日本語訳でも見てみましょう。次のようになります。

> **Ranking** 歴代の時代劇最高視聴率ランキング・日本語名

第1位 『ホジュン』（邦題『ホジュン 宮廷医官への道』）
第2位 『太祖王建』
第3位 『大長今』（邦題『宮廷女官チャングムの誓い』）
第4位 『女人天下』
第5位 『朱蒙』
第6位 『龍の涙』
第7位 『王と妃』
第8位 『善徳女王』
第9位 『張禧嬪』（邦題『張禧嬪　［チャン・ヒビン]』）
第10位 『太陽を抱く月』

　そうそうたる名作が視聴率の上位を占めています。

　描かれている時代を見ると、『주몽 (チュモン)』と『선덕여왕 (ソンドクヨワン)』は古代の物語であり、『태조왕건 (テジョワンゴン)』は10世紀です。その他の7本は「조선왕조 (チョソンワンジョ／朝鮮王朝)」の時代を描いています。

時代背景はどうなっているのか

　古代の朝鮮半島は、3つの国が対立していました。

　朝鮮半島の北側から中国東北部にかけて大きな領土を持ったのが高句麗（고구려／コグリョ）、朝鮮半島の西南部を領土にしたのが百済（백제／ペクチェ）、朝鮮半島の東南部を支配したのが新羅（신라／シルラ）です。この3つが覇を競ったので三国時代と言います。

　その三国時代の中でもっとも広大な領土を持った高句麗の初代王を描いたのが時代劇『주몽（チュモン／朱蒙）』です。

　また、新羅の歴史では3人の女王がいましたが、一番最初の女王が善徳女王（선덕여왕／ソンドクヨワン）です。国を強化するうえで、大変貢献のあった国王であり、その波乱の生涯を描いた作品が『선덕여왕』です。

　高句麗、百済、新羅の三国が覇を競いましたが、最終的には新羅が660年に百済を滅ぼし、668年に高句麗を滅亡させて、統一王朝を築きました。

　その後、朝鮮半島は新羅の時代が続きましたが、10世紀の初めに建国した高麗王朝（고려왕조／コリョワンジョ）が、新羅を吸収して統一王朝を築きました。

　その初代王の王建（왕건／ワンゴン）の生涯を壮大に描いたのが、歴代視聴率で2位になっている『태조왕건（テジョワンゴン／太祖王建）』です。

　また、高麗王朝を舞台にしたドラマでは、ハ・ジウォン、チュ・ジンモ、チ・チャンウクが出演した『기황후（キファンフ／奇皇后）』も大変人気がありました。

　しかし、韓国で作られる時代劇は、圧倒的に朝鮮王朝を舞台にした作品が多くなっています。

　それは、朝鮮王朝が518年間も続いて、現在の韓国にも大きな影

響を及ぼしていることと、詳細な歴史の記録がたくさん残っていることが主な理由です。

そうした中で、最近の時代劇は新しい感覚を取り入れた斬新な展開のドラマが多くなってきました。象徴的な作品がジュノ（2PM）主演『옷소매 붉은 끝동（オッソメ プルグン クットン／赤い袖先）』です。国王と宮女の究極的な愛を抒情的に描いて、大好評を博しました。

時代劇によく出てくる歴史人物は？

朝鮮王朝を舞台にした時代劇は、ほとんどが王宮物語であり、王族や官僚たちの政治闘争を描いたものが多くなっています。

その中で、特によく出てくる国王といえば、３代王・태종（テジョン／太宗）、７代王・세조（セジョ／世祖）、10代王・연산군（ヨンサングン／燕山君）、11代王・중종（チュンジョン／中宗）、15代王・광해군（クァンヘグン／光海君）、19代王・숙종（スクチョン／肅宗）、21代王・영조（ヨンジョ／英祖）、22代王・정조（チョンジョ／正祖）です。

こうした国王の名前を韓国語で覚えておくと、より韓国の歴史に近づいた気持ちになれるかもしれません。

他に朝鮮王朝を舞台にした時代劇では、三大悪女が特に有名です。

燕山君の側室であった장녹수（チャン・ノクス／張緑水）、中宗の三番目の正室であった문정왕후（ムンジョンワンフ／文定王后）の手先として悪事を重ねた정난정（チョン・ナンジョン／鄭蘭貞）、女官から王妃に昇格して最後は死罪になってしまった장희빈（チャン・ヒビン／張禧嬪）。この３人はあまりにも有名であり、様々な時代劇に登場しています。

ただし、この３人の悪女はあくまでも自分の私利私欲で悪事を働きましたが、さらに政治の実権を握って庶民を犠牲にした巨悪の３人がいます。

それが文定王后であり、英祖の二番目の正室の정순왕후（チョンスン

ワンフ／貞純王后）であり、純祖（スンジョ／純祖）の正室の純元王后（スヌォンワンフ／純元王后）です。

こうした人物のことを理解しておくと、韓国時代劇をさらに面白く見ることができるでしょう。

王族たちの呼称を覚えよう

時代劇でよく使われている韓国語についても説明しましょう。

時代劇に国王が出た場合に、日本語の吹き替えではたいてい「王様」と訳されています。

これは厳密に言うと適切ではありません。王様という言葉ではあまりにも軽すぎて不敬にあたります。

本来、配下の者が国王を呼ぶときは「전하（チョナ／殿下）」と呼びかけました。その場合、ハングルの発音通りに「チョナ」と言うと失礼とされて、かならず「チョーナー」と語尾を延ばして呼び掛けていました。

また、「朝鮮王朝実録」などの正式な歴史書を読むと、国王は「주상（チュサン／主上）」と称されています。

実際、韓国時代劇を見ていても、高官たちは国王のことをよく「주상」と呼んでいます。

さらに、王妃は王宮の真ん中あたりに住んでいたこともあって、「중전（チュンジョン／中殿）」や「중궁（チュングン／中宮）」と呼ばれており、その後に「마마（ママ／媽媽）」と敬称を付けるのが原則でした。

つまり、「중전마마」、あるいは「중궁마마」となるわけです。

さらに、同じ王子でも国王の正室から生まれると「대군（テグン／大君）」となり、側室から生まれると「군（クン／君）」と呼ばれました。

これによって、光海君が国王の側室から生まれたことなどがわかると思います。

また、王女の場合は、国王の正室から生まれると「공주（コンジュ／公主）」、側室から生まれると「옹주（オンジュ／翁主）」と呼ばれました。

　実際、朝鮮王朝時代を舞台にしたドラマには、王子や王女が本当によく出てきます。

　それには理由があります。国王は一夫一婦制のもとで正室は1人だけでしたが（正室が亡くなればかならず再婚していました）、側室がとても多かったのです。朝鮮王朝の前期で平均的に10人、後期に5人前後でした。

　こうした側室が王子や王女をたくさん産んでいます。

　結局、27人の国王の子供は合計で235人くらいもいたと言われています。これだけ多いと個性的な人物もかなり含まれていて、そういうキャラクターが時代劇で重宝されているのです。

 Column 時代劇で使われる古い言葉

　時代劇を見ているとよく出てくるのが、古めかしい言葉です。特に、王宮の高官たちが国王に対して「現代では使わない独特な言葉」を使っています。時代劇を韓国語で見るときにはかならず出てきますので、代表的な言い回しを覚えておきましょう。

송구하옵니다（ソングハオムニダ／大変恐れ入ります）
망극하옵니다（マングカオムニダ／とても光栄でございます）
명심하겠사옵니다
　（ミョンシムハゲッサオムニダ／肝に銘じておきます）
그러하옵니다（クロハオムニダ／さようでございます）
부르셨습니까？
　（プルショッスムニカ？／お呼びでございますか？）
모르옵니다（モルオムニダ／わかりません）

K-POP スターの
SNS の受賞挨拶で敬語を学ぶ

丁寧語と尊敬語の作り方

K-POP のスターたちも、ふだんはツイッターやインスタグラムで、気さくな言葉でファンに語りかけています。しかし、賞を受けたお礼をファンに述べるときは、丁寧語や尊敬語を使っています。

そのように SNS で発信された受賞挨拶を通して、韓国語の丁寧さや尊敬の表現を学んでいきましょう。

実際、韓国語は日本語以上に尊敬語や丁寧語が多いと感じます。長幼の序が基本的な社会規範になっていることも大いに影響しているのでしょう。

なお、韓国語では語尾に「요 (ヨ)」を付けることで打ち解けた丁寧さを表しますが（ヘヨ体）、さらに丁寧でかしこまった感じになるのが「합니다 (ハムニダ) 体」と呼ばれる表現です。

ハムニダ体は、「사랑합니다 (サランハムニダ／愛しています)」や「행복합니다 (ヘンボッカムニダ／幸せです)」という形になります。

動詞の場合には「시 (シ)」を語幹に付ければ尊敬語になります。

例文を見てみましょう。

phrase　尊敬の表現

회사에 가십니까?　フェサヘ カシムニカ　会社に行かれますか？
무엇을 하십니까?　ムオスル ハシムニカ　何をなさいますか？

例文が示すように、動詞に「시」を付けてハムニダ体にするというのが尊敬語で特に多い表現です。

感謝の気持ちがこもった受賞挨拶

　特別に尊敬を意味する単語もあります。この場合は、単語が変化することで尊敬を表すようになります。特によく使われるのは、次の尊敬語です。

　　　있다（イッタ／いる）→계시다（ケシダ／いらっしゃいます）

　　　주다（チュダ／あげる）→드리다（トゥリダ／差し上げます、いたします）

　　　먹다（モッタ／食べる）→잡수시다（チャプスシダ／召し上がります）

　たとえば「드리다（トゥリダ）」であれば、「전해드립니다（チョネトゥリムニダ／お伝えいたします）」といった使い方をします。

　以上のような基本的なことを知ったうえで、実際にK-POPのスターがSNSで発信した言葉を見てみましょう。

 Phrase　SNSで発信された受賞御礼の挨拶

대상을 받았습니다. 여러분 감사하고 사랑합니다.

テサンウル パダッスムニダ ヨロブン カムサハゴ サランハムニダ
大賞を 受けました。みなさん 感謝して 愛しています。

다시 한번 사랑한다는 말 전해드립니다.

タシ ハンボン サランハンダヌン マル チョネトゥリムニダ
もう 一度 愛しているという 言葉 お伝えいたします。

행복한 해로 만들어 주셔서 감사합니다.

ヘンボッカン ヘロ マンドゥロ ジュショソ カムサハムニダ
幸福な 年に して くださって 感謝します。

내년에도 잘 부탁합니다.

ネニョネド チャル プタッカムニダ
来年も よろしく お願いします。

ドラマの主要な舞台となる企業の関連用語を覚えよう

役職を韓国語で言うとどうなる？

　人気がある韓国ドラマが描いている「사회 (サフェ／社会)」を見ると、やはり「기업 (キオプ／企業)」が主な「무대 (ムデ／舞台)」となっています。現代的な世相を反映したドラマとなると、大都会で働く人たちの群像劇が多くなるからです。

　登場する「회사 (フェサ／会社)」は「재벌 (チェボル／財閥)」の大企業ばかり。その分、会社の役職がドラマの中でやたらと飛び交うことになります。

　役職と言えば、韓国の一般的な企業では、下から見て次のような構成になっていることが多いようです。

대리 (テリ／代理) →과장 (クァジャン／課長) →차장 (チャジャン／次長) →부장 (プジャン／部長) →상무보 (サンムボ／常務補) →상무 (サンム／常務) →전무 (チョンム／専務) →부사장 (プサジャン／副社長) →사장 (サジャン／社長) →부회장 (プフェジャン／副会長) →회장 (フェジャン／会長)

　日本では「계장 (ケジャン／係長)」という役職が普通にありますが、韓国の会社ではむしろ、その役割を「대리 (テリ／代理)」が担っています。入社して3年から5年くらいで就く役職で、韓国ドラマでも若手の役職としてよく出てきます。

　また、韓国の大企業では部長の上が「상무보 (サンムボ／常務補)」となっていて、常務の下に位置付けられています。年齢でいえば、40代の中頃に就く人が多いようです。

なお、役職が下の人が上の役職の人を呼ぶときはかならず「님（ニム／様）」を付けますので、「회장님（フェジャンニム／会長様）」「사장님（サジャンニム／社長様）」という敬称付きで呼ばれることが多くなります。

　主人公の男性の設定でよくあるのが大企業の御曹司。会長が父親で、主人公は若くして「부회장（プフェジャン／副会長）」であったり、「부사장（プサジャン／副社長）」であったりします。この「부（プ／副）」という単語がドラマではよく登場しますので、ぜひ覚えておきましょう。

　また、主人公が若くてとても有能だという設定の場合、役職としてよく登場するのが「기획실장（キフェクシルジャン／企画室長）」です。

　企業の命運を左右するビッグプロジェクトを企画する部署という設定で、「기획실（キフェクシル／企画室）」が出てきて、その室長を主人公がまかされているのです。この場合も部下が呼ぶときは、「실장님（シルジャンニム／室長様）」となるわけです。

　ただし、重要なポストに就いているわりには、「主人公はいつ仕事をしているのか？」と見ている人が不思議に思うほど、平日の昼でも恋人を追いかけて外出ばかりしています。といっても、会社の中で机にへばりついて仕事ばかりしていたらドラマにならないのですが……。

企業ドラマでは会食シーンが定番！

　韓国は「長幼の序」に厳格とはいえ、会社という組織では役職の上下が人間関係を規定しますので、たとえ年齢が上でも役職が下であれば、上司に最大限の敬意を払わなければいけません。

　年配の会社員がずっと年下のエリート上司にこびへつらいながら敬語を使うシーンもドラマによく出てきます。そのくせ裏では、年下の上司をののしったり陰口を叩くシーンも出てきて、会社員の複雑な感情がわかります。

一方、企業の人間関係を描いたドラマで重要な役割を担う存在が「이사（イサ／理事）」です。社内人事の主流派と反主流派がもめたときに「이사회（イサフェ／理事会）」が開かれて、ストーリーを一転させるような重大決議が採択されます。そのときには顧問の「변호사（ピョノサ／弁護士）」なども暗躍したりして、主人公の立場がガラリと変わることもよくあります。

　あるいは、社長や会長の夫人がしゃしゃりでてきて影響力を行使したりします。周囲の人たちは「사모님（サモニム／奥様）」と呼んでゴマをすります。それも企業を描いたドラマの定番のお約束です。

　また、主人公の御曹司が好きな女性には、かならず社内にライバルがいます。２人がたまたま「화장실（ファジャンシル／化粧室）」で一緒になったときに批判の応酬になり、最後は髪の引っ張り合いになったりします。そういう場面を見ていると、韓国の女優の「何でもやり抜く」という魂を強く感じます。彼女たちは間違いなく肝がすわっていて、感心してしまいます。

　ドラマでは社員同士の付き合いもよく描かれます。韓国の会社員は「점심（チョムシム／昼食）」も連れ立って行きますし、仕事が終わった後にも「회식（フェシク／会食）」をよく開きます。同じ職場であれば「一緒に酒を飲んだり食事をしたりという交流が大事」という共通認識があるのです。

　会食のシーンでみんながよく食べているのが「삼겹살（サムギョプサル）」で、時間が経つにつれて「소주（ソジュ／焼酎）」の空瓶がテーブルにどんどん並ぶことになります。

　二次会はお決まりの「노래방（ノレバン／カラオケ）」。ここで無礼講になって、年上の部下が年下の上司に本音をぶつける、というシーンもよく描かれる場面です。

□ 経済　경제〔キョンジェ〕　　□ 経営　경영〔キョンヨン〕

□ 会社　회사〔フェサ〕　　□ 社員　사원〔サウォン〕

□ 会議　회의〔フェイ〕　　□ 事務室　사무실〔サムシル〕

□ 企画室長　기획실장〔キフェクシルジャン〕　　□ 秘書　비서〔ビソ〕

Column 「ソメク」とは何か

　最近の韓国ドラマを見ていると、若い男女が自宅で酒を飲むシーンによく「소맥（ソメク）」が出てきます。これは、「소주（ソジュ／焼酎）」と「맥주（メクチュ／ビール）」を混ぜた飲み物のことです。韓国の職場でも何人かで飲みに行くと、最初に「소맥」を飲むことが多いようです。

　韓国ではビールより焼酎のほうが好まれてきましたが、暑いときには冷たい飲み物がほしくなります。しかし、ビールはアルコール度数が低いので、韓国の人たちには物足りないところがあります。そこで、焼酎とビールを混ぜた「소맥」が流行するようになったのです。

　その習慣は冬にも定着するようになり、今や「소맥」が会食時の乾杯でも多用されるようになってきました。最初にしばらく「소맥」で喉を潤し、それから焼酎に移るという流れが多いのです。

　そうした人気を反映して、最近のドラマで若者たちが「소맥」を飲むシーンが増えてきました。

これだけは知っておきたい！
重要な副詞

副詞をたくさん覚えれば表現が広がる

　副詞といえば、いろいろな言葉を修飾して細かく描写するために使われます。形容詞や動詞や副詞そのものを、より多彩に彩る修飾語です。

　韓国ドラマを見ていればよくわかるように、韓国の人たちは副詞を本当によく使います。国民的に感情表現が豊かなので（感情を表わさないと我慢できない人が多い）、自分の気持ちを様々に表現するために副詞を多用するのです。

　個人的な印象では、実際に韓国で多くの人々の言葉を聞いていて一番多用される副詞は、「빨리（パルリ）」だと思います。食堂で注文してすぐに料理が来ないと「빨리」と叫んでいる人がいますし、一緒に歩いていてちょっとゆっくりすると「빨리」とせかす人もいます。「間違いなく韓国の人は빨리を一番使う」と実感するほどです。

　そこで、まずは最も頻繁に使われていると思われる副詞を挙げてみましょう。

✏ *Vocabulary* 最頻度の副詞	
□ 빨리（パルリ）早く	□ 아주（アジュ）とても
□ 많이（マニ）たくさん	□ 좀（チョム）少し
□ 다（タ）すべて	□ 곧（コッ）すぐに
□ 잘（チャル）よく	□ 진짜（チンチャ）本当に
□ 자주（チャジュ）しょっちゅう	□ 특히（トゥッキ）特に

続いて、やはりよく使われる副詞を紹介しましょう。

Vocabulary よく使われる副詞

□ 아마 (アマ) たぶん	□ 벌써 (ポルッソ) すでに
□ 먼저 (モンジョ) 先に	□ 우선 (ウソン) まず、最初に
□ 매우 (メウ) とても	□ 아직 (アジク) まだ
□ 최근 (チェグン) 最近	□ 아까 (アッカ) さっき
□ 더욱 (トウク) さらに	□ 별로 (ピョルロ) 別に
□ 다시 (タシ) 再び	□ 거의 (コイ) ほとんど
□ 늘 (ヌル) いつも	□ 꼭 (コッ) きっと
□ 항상 (ハンサン) いつも	□ 전혀 (チョニョ) 全く
□ 역시 (ヨクシ) やっぱり	□ 가끔 (カックム) たまに
□ 모두 (モドゥ) すべて	□ 잠시 (チャムシ) しばらく

　ここで取り上げた副詞はほんの一部です。韓国語を学べば学ぶほど、生活に欠かせない感情表現としての副詞にたくさん出会うことでしょう。会話の中でご自身が覚えた副詞をどんどん使ってみてください。それによって、韓国語で感情を表現する醍醐味をたくさん感じられるようになるでしょう。

セリフを理解するのに絶対に必要な 擬態語・擬声語

韓国語の日常会話は擬態語・擬声語が多い

　韓国語の基礎をしっかり学んで、実際に韓国語でドラマを見ていても、思ったほどセリフを理解できないことがよくあります。

　韓国語を直接聞く回数を増やすことが大切なのはもちろんですが、もう1つ見逃せないのは、擬態語・擬声語を知らないとセリフがわからない部分が増えるということです。

　たとえば、日本語を話すとき、本人は無意識に擬態語・擬声語をたくさん使っています。

　それと同様に、韓国の人もとても多く使います。当然ながら、セリフにもひんぱんに出てきます。

　それなのに、韓国語の基礎を学ぶときに、意外と擬態語・擬声語が後回しになることが多いのです。

　その結果、どうなるでしょうか。

　たとえば「찰칵찰칵 찍는다（チャルカクチャルカク　チンヌンダ）」というセリフがあるとします。この場合、「찰칵찰칵」という単語がわからなければ意味不明でしょう。

　しかし、これが「パチリパチリ」だと知っていれば、「写真を撮る」という動作を連想できます。こういう例からも、擬態語・擬声語の重要性がわかります。

　次の言葉は日常会話の中のありふれた感情表現のときによく出てきます。

　会話の潤滑剤になることも多いので、覚えておきましょう。

Vocabulary ドラマによく出てくる擬態語・擬声語

□ ドキドキ	두근두근	□ キラキラ	반짝반짝
□ はらはら	조마조마	□ ゲラゲラ	껄껄
□ ねばねば	끈적끈적	□ むかむか	메슥메슥
□ ドロドロ	질척질척		

知っている擬態語・擬声語をもっと増やそう

擬態語・擬声語は韓国語の中に本当にたくさんあります。大切なのは、ドラマを見るときにそれらを知ることが重要だという認識を持つことです。そして、機会があるたびに言葉のレパートリーを広げることです。そうすれば、韓国語でドラマを見たときのセリフの理解が違ってくるでしょう。歌詞も同様です。

セリフなどに出てくる頻度が高い擬態語・擬声語をさらに取り上げましょう。

Vocabulary ドラマで使われやすい擬態語・擬声語

□ 隅々	구석구석	□ ぶるぶる	부들부들
□ のろのろ	느릿느릿	□ ふわふわ	둥실둥실
□ もじもじ	머뭇머뭇	□ チリンチリン	달랑달랑
□ つるつる	반들반들	□ クルクル	빙글빙글
□ よちよち	아장아장	□ ごそごそ	뒤적뒤적
□ ぐつぐつ	보글보글	□ うようよ	우글우글

Column 「つ」が「ル」になるという共通点

　日本語と韓国語の発音には共通点がとても多いのですが、その典型的な1つをここで紹介します。

　それは、日本語の読み方で「〜つ」となる漢字の多くは、韓国語では「〜ル」となるということです。この場合の「〜ル」は「ㄹ」というパッチムです。

　これはとても重要な共通点です。例を出しましょう。

漢字	日本語読み	韓国語(読み方)
屈	くつ	굴(クル)
骨	こつ	골(コル)
失	しつ	실(シル)
室	しつ	실(シル)
達	たつ	달(タル)
発	はつ	발(パル)
殺	さつ	살(サル)
実	じつ	실(シル)
突	とつ	돌(トル)
必	ひつ	필(ピル)
筆	ひつ	필(ピル)
仏	ぶつ	불(プル)
末	まつ	말(マル)

　例外もありますが、共通点を覚えておくと、知らない単語が出てきても予測ができるものです。こういった共通点を生かして覚えていきましょう。

PART 3

韓国に行ったときの 実用会話集

観光案内所で地図をもらう

さあ、「仁川／인천 (インチョン)」「空港／공항 (コンハン)」に到着しました。これから韓国の旅を大いに満喫しましょう。

最初にすることは「円／엔 (エン)」を「원 (ウォン)」に交換することです。このときは日本語が十分に通じますから、遠慮なく日本語で韓国の紙幣に換えましょう。

その次には、「観光案内所／관광안내소 (クァングァン アンネソ)」に行って地図をもらいます。観光案内所なら日本語がまだ通じると思いますが、日本語がわかる担当者がいないときがあるので、そのときは韓国語で話しかけてみましょう。

そこで、「地図をください」という意味の「지도 주세요 (チド ジュセヨ)」と担当者に話しかけてみましょう。「지도」は「地図」で、「주세요」は「ください」という意味です。

本来は「チュセヨ」という発音ですが、前に単語があるので語頭が濁音となって「ジュセヨ」になります。よく使う言葉なので、必ず覚えましょう。ほしいものの単語に「ジュセヨ」をつければOKです。他によく使うのが「가르쳐 주세요 (カルチョ ジュセヨ)」です。「教えてください」という意味です。

なお、地図をもらうときは日本語版をもらっておいたほうが便利なので、「일본어 지도 주세요 (イルボノ チド ジュセヨ)」と言ってみましょう。「일본어」は「日本語」のことです。韓国語版と日本語版の両方の地図が用意できれば準備万端です。

ホテルまでバスに乗る

　今度は空港からリムジンバスに乗ってソウル市内に行きます。ただし、日本語では「バス」と発音しますが、それだと韓国では通じません。韓国語では「버스（ポス）」になるのです。そして、前に単語があると語頭が濁音になって「ボス」になります。

　日本語のように「バス」と発音しないので、くれぐれも注意しましょう。

　それでは、バスの乗り場を誰かに尋ねてみましょう。

　新羅ホテルまで行こうとしたら「신라호텔 가는 버스 어디서 타요？（シルラホテル カヌン ボス オディソ タヨ？）」と聞きます。

　単語の意味を見てみると、「가는」は「行く」、「어디서」は「どこで」、「타요？」は「乗りますか？」となります。

　こう言えば、尋ねられた人が乗り場を教えてくれます。ただし、早口で何か言われたら、聞き取れないことがあります。

　そんなときに便利な言葉が、「もう１回」という意味の「다시 한번（タシ ハンボン）」です。「다시」が「再び」で、「한번」が「１回」という意味です。

　この「다시 한번」は絶対に覚えたほうがいい言葉です。そう話せば、相手の人が「外国人だな」と思うので、ゆっくりしゃべってくれたり指で示してくれます。

　あるいは「ゆっくり言ってください」という意味で、「천천히 말해 주세요（チョンチョニ マレ ジュセヨ）」です。

「천천히」は「ゆっくり」という意味、「말해 주세요」は「言ってください」ということです、ただし、「천천히」だけでも相手はわかると思います。

　これで、バスの乗り場はわかるでしょう。

　それでも心配なときは、バスの運転手さんに、「신라호텔 갑니까？（シ

ルラホテル カムニカ?)」と聞いてみましょう。この「갑니까?」は「行きますか?」という意味です。

バスに乗れれば、ホテルまでは行けます。ホテルの中に入れば日本語が通じるので何の心配もいらないでしょう。

일본어 지도 주세요.
イルポノ チド ジュセヨ
日本語の地図をください。

가르쳐 주세요.
カルチョ ジュセヨ
教えてください。

천천히 말해 주세요.
チョンチョニ マレ ジュセヨ
ゆっくり話をしてください。

신라호텔 가는 버스 어디서 타요?
シルラホテル カヌン ボス オディソ タヨ?
新羅ホテルに行くバスはどこで乗りますか?

다시 한번

地下鉄に乗ってみる

　今度は街に出てみましょう。

　街を歩くとき、覚えておくと便利なのが、「어떻게 (オットッケ)」という言葉です。「どのように」という意味です。

　たとえば、「명동 어떻게 갑니까? (ミョンドン オットッケ カムニカ?)」といえば、「明洞にどのように行きますか?」という質問になります。

　ただし、ここで相手の人が、あっち行ってこっち行って……と韓国語で言っても聞き取れないことが多いかもしれませんが……。

　もっと遠くへ行こうとしたとき、まず市内のバスはあきらめたほうがよさそうです。種類はたくさんありますが、韓国語に慣れていないと乗るのは難しいです。

　ソウル市内を移動するなら地下鉄のほうがいいでしょう。

　そこで、まずは地下鉄に乗ってみます。

　誰かにいろいろ尋ねたいときがあることでしょう。日本語なら「すみません」という言葉が真っ先に出ると思いますが、同じような意味で使えるのが「죄송합니다 (チェソンハムニダ)」という言葉です。「申し訳ありません」というニュアンスです。意味からもわかるように、誰かにぶつかって謝るときにも使えます。

　また、お礼を言うときによく使うのは「감사합니다 (カムサハムニダ／感謝します)」です。「감사」は「感謝」で、全体で「ありがとうございます」になります。何ごとにも「감사합니다」と言って頭を下げれば、丁寧なお礼になります。

食堂で料金を支払う

食堂に入って注文をしてみましょう。

メニューを見て食べたいものを選んだら、「これ、ください」という意味の「이거 주세요 (イゴ ジュセヨ)」と言えばオーケーです。

食べ終わったときの勘定は、韓国では「계산해 주세요 (ケサンヘ ジュセヨ／計算してください)」とよく言います。「계산」は「計算」です。日本語と韓国語の発音がほぼ一致しているので、覚えやすいでしょう。会計するときはぜひ「계산해 주세요」と言ってみましょう。

それとは別に「얼마예요? (オルマイェヨ?)」でもいいです。「얼마」は「いくら」という意味で、全体で「いくらですか?」となります。

相手の返答が早口で金額がわからなかったら、数字を紙に書いてもらったほうがいいでしょう。なお、せっかくですから、食堂を出るときに声を掛けたいと思います。「수고하세요 (スゴハセヨ)」と言ってみましょう。意味としては「ご苦労さま」というニュアンスです。お客さんが、働いている人の労をねぎらう感じで言う言葉です。

たとえば、リムジンバスを降りるときや、働いている人が自分に何かサービスしてくれたときに、「수고하세요」と言えば、向こうも「はい」という意味の「예 (イェ)」「네 (ネ)」と返事してくれるでしょう。

外出したときに必要なのが、トイレの場所を尋ねる韓国語です。この言葉を知らないと、大変な目にあってしまうかもしれません。そうならないためにも、「トイレ」は「화장실 (ファジャンシル／化粧室)」と覚えておきましょう。

丁寧に言うときは「화장실 어디입니까? (ファジャンシル オディイムニカ)」となります。「トイレはどこですか?」という意味です。実際はここまで覚えなくても、店の人に「화장실?」と言えば相手も察して親切に教えてくれるでしょう。

죄송합니다.

チェソンハムニダ
申し訳ありません

지하철 역은 어디입니까?

チハチョル ヨグン オディイムニカ
地下鉄の駅はどこですか？

감사합니다.

カムサハムニダ
感謝します。

계산해 주세요.

ケサンヘ ジュセヨ
計算してください。

수고하세요.

スゴハセヨ
ご苦労様です。

부탁합니다.

プタッカムニダ
お願いします。

맛있어요.

マシッソヨ
おいしいです。

화장실 어디입니까?

ファジャンシル オディイムニカ
化粧室　どこですか？

부탁합니다

シーン3　電話 編

食堂に予約の電話をかけてみよう

　韓国で電話をかけるケースを想定してみましょう。

　実際、韓国で旅行中に電話をするとなると、何かを問い合わせるときです。たとえば、ソウルでぜひ行きたい食堂に予約を入れてみましょう。

　最初に「もしもし」という意味で「여보세요 (ヨボセヨ)」と言います。次に、こちらが日本から来ている旅行者だと言ったほうが相手も話を理解してくれると思いますので、「일본에서 왔어요 (イルボネソ ワッソヨ)」と言ってみましょう。「日本から来ました」という意味です。

　次に、「今日、予約をしたいのですが」と言ってみましょう。それは「오늘 예약을 하고 싶은데요 (オヌル イェヤグル ハゴ シップンデヨ)」です。

　時間も一緒に言います。たとえば今日の９時 (아홉 시／アホプ シ)だったら「오늘 아홉 시 입니다 (オヌル アホプ シ イムニダ)」となります。

　また、午前か午後かというのが大事なので、「오전 (オジョン／午前)」「오후 (オフ／午後)」も覚えたほうがいいです。

予約が可能ならば名前を伝える

　予約の内容を伝えると、店側から「좀 기다리세요 (チョム キダリセヨ)」と言われる場合があります。「좀」は「ちょっと」という意味で、「ちょっとお待ちください」となります。そう言われたら、こちらは「はい」という意味で「네 (ネー)」か「예 (イェー)」と答えればオーケーです。

　予約ができるとわかったら、「부탁합니다 (プタッカムニダ／お願いします)」

と言います。

すると、相手が名前を聞いてきます。「성함 어떻게 됩니까? (ソンハム オットッケ テムニカ?)」というように……。

「성함」は「お名前」、「어떻게」は「どのように」、「됩니까?」は「なりますか」です。すかさず「야마다입니다 (ヤマダイムニダ/山田です)」と言えば予約が終了します。

一方、予約しても、席が空いていないときは「자리 없습니다 (チャリ オプスムニダ)」と言われます。「없습니다」は「ありません」という意味です。

その場合は他の店を探しましょう。

固有数詞を聞き取れるようにしよう

次に、K-POP のスターの商品を扱っている店に電話をして、営業時間を聞いてみましょう。

まず、「여보세요 (ヨボセヨ/もしもし)」と言って電話をかけて、相手が出たら、「몇 시부터 몇 시까지 하고 있어요? (ミョッ シブット ミョッ シカジ ハゴ イッソヨ)」と聞いてみましょう。言葉の意味は、「몇 시 (ミョッ シ/何時)」、「부터 (ブット/から)」、「까지 (カジ/まで)」、「하고 (ハゴ/やって)」、「있어요? (イッソヨ/いますか)」です。

仮に「午前９時から午後６時までです」なら相手は、「오전 아홉 시부터 오후 여섯 시까지 하고 있어요 (オジョン アホプ シブット オフ ヨソッ シカジ ハゴ イッソヨ)」と言ってきます。

韓国語では時間を言うときは固有数詞を使います。日本語でたとえれば「一つ、二つ」に該当するものです。韓国語ではこの固有数詞の出番が多いです。時間だけでなく、人数をかぞえるときにも固有数詞を使います（固有数詞の使い方については 78 ページで解説しています）。

相手側の答えを聞いたら、電話を切るときに「감사합니다」（カムサハムニダ／感謝します）と言えばいいでしょう。

なお、相手が言ったことが聞き取れない場合は、恥ずかしがらずに「천천히（チョンチョニ／ゆっくり）」や「다시 한번（タシ ハンボン／もう一度）」と言えば、相手は今度こそゆっくり話してくれるでしょう。

예약을 하고 싶은데요.
イェヤグル ハゴ シップンデヨ
予約をしたいのですが。

자리가 있어요?
チャリガ イッソヨ
席がありますか？

몇 시부터 몇 시까지 하고 있어요?
ミョッ シブット ミョッ シカジ ハゴ イッソヨ
何時から何時までやっていますか？

거기까지 어떻게 갑니까?
コギカジ オットッケ カムニカ？
そこまでどうやって行きますか？

여보세요

72

シーン4　**地方旅行** 編

勧誘をできるだけソフトに断ろう

　たとえば、韓国の地方の名所を訪れたとします。観光客はいろいろ勧誘されるので、断る表現も覚えておく必要があります。

　ただし、断り方にはいろいろな段階があります。最初からきつく断る必要がなく、まずはやんわりと円満に断ってみましょう。

　やんわりと断るときは、「괜찮아요 (ケンチャナヨ)」と言えばいいでしょう。本来は「大丈夫」という意味ですが、手を横に振りながら「괜찮아요」と言えば、「結構です、間に合っています」という意思表示になります。

　それから「필요 없어요 (ピリョ オプソヨ)」という言葉も有効です。「필요」が「必要」で、「없어요」が「ありません」で、「必要ありません」となります。

　それでもしつこく勧誘されたら、「됐어요 (テッソヨ)」と言えばいいでしょう。勧誘されているシチュエーションで「됐어요」と言えば、「要りません！」という強めの否定になります。

　整理すると、やんわり断るときは「괜찮아요」で、普通に断るときが「필요 없어요」で、きつくピシャリと断るときが「됐어요」です。

　地方の人は人情があるので、好意でいろいろとお節介をやいてくれることも多いものです。そういう好意を断る場合は、できるだけソフトに言うほうがいいと思います。

　しかめっ面をしないで、にこやかに手を振って「괜찮아요」と言うのが、一番角が立たないでしょう。

タクシーに乗ってみる

地方に行ったら、「タクシー (택시／テクシ)」を利用するのが一番楽な交通手段かもしれません。乗って行き先を告げれば、目的地まで運んでくれます。

タクシーに乗ったら、地名を言ってそのあとに「부탁합니다 (プタッカムニダ)」をくっつければ OK です。

この「부탁합니다」は「お願いします」という意味で、なんにでも使える便利な言葉です。

たとえば、人に何かを頼むときは、「잘 부탁합니다 (チャル プタッカムニダ)」です。「잘」が「よく」という意味で、「よろしくお願いします」という意味になります。

それから、韓国のタクシーはかなりスピードを出すときがあります。ちょっと怖いと思うときがあったら、そのときは「ゆっくり行ってください」という意味で「천천히 가 주세요 (チョンチョニ カ ジュセヨ)」と言ってみましょう。

韓国はどんな場合でも、客側がはっきり注文を出すことが多いので、言われたほうもそんなに気を悪くすることはないと思います。

さらに、「무서워요 (ムソウォヨ／恐いです)」も覚えておいたほうがいいかもしれません。

タクシー以外でも、ちょっとでも恐いと思ったことがあったら、「무서워요」と口に出したほうがいいでしょう。

지방 （チバン／地方）

터미널 （トミノル／ターミナル）

공항버스 （コンハンボス／空港バス）

승강장 （スンガンジャン／乗り場）

매표소 （メピョソ／券売所）

만석 （マンソク／満席）

매진 （メジン／売り切れ）

모범택시 （モボムテクシ／模範タクシー）

빈차 （ピンチャ／空車）

영수증 （ヨンスジュン／領収証）

괜찮아요

괜찮아요

ケンチャナヨ
間に合っています。

필요 없어요.

ピリョ オプソヨ
必要ありません。

잘 부탁합니다.

チャル プタッカムニダ
よろしくお願いします。

천천히 가 주세요.

チョンチョニ カ ジュセヨ
ゆっくり行ってください。

シーン5 自己紹介 編

初対面の挨拶の定型

　韓国に行ったときに、大好きなスターのファンクラブの人たちと交流する機会もあるでしょう。そのときは、ていねいに自己紹介をする必要があります。

　どのように話しかければいいでしょうか。

　まずは、「안녕하십니까 (アンニョンハシムニカ)」と声をかけます。朝昼晩にかかわらず1日中使える「こんにちは」という意味の挨拶言葉です。同じ意味で語尾が違う「안녕하세요 (アンニョンハセヨ)」という言い方もあります。後者のほうが日本人は発音しやすいので、笑顔で気軽に「アンニョンハセヨ」と呼びかけてみましょう。

　さらに言葉を続けるなら、「처음 뵙겠습니다 (チョウム ペッケッスムニダ)」という挨拶もあります。「처음」は「初めて」、「뵙겠습니다」は「お目にかかります」という意味です。韓国では初対面でよく使う言葉です。

　ちょっと発音が難しければ、「반가워요 (パンガウォヨ)」と話しかけてみましょう。「うれしいです」という意味ですが、誰かに会ったときに話せば「お会いできてうれしいです」というニュアンスになります。この言葉でも十分ですが、もっとかしこまった言い方なら「반갑습니다 (パンガプスムニダ)」とも言います。

　お勧めするのは「반가워요」のほうです。なぜなら、「パンガウォヨ」の「ガ」「ウォ」「ヨ」の音が母音で終わっているからです。

　日本語は、基本的に「母音だけ」か「子音＋母音」の組み合わせしかなく、音の最後は必ず母音です。しかし、韓国語は音の最後が母音か子音のどちらかで、子音で終わる言葉は日本語にないので、

初心者には発音しにくいのです。韓国語のなかでも母音で終わる音は、日本人も慣れているのでうまく発音することができます。なので、母音で終わる発音が多い「반가워요」のほうをおすすめしています。

「さようなら」は2種類

今度は自分の名前を相手に伝えます。

自己紹介にも決まり文句があります。「저는 ○○○라고 합니다 (チョヌン ○○○ラゴ ハムニダ)」は「私は○○○と申します」という意味です。なお、韓国では初対面でも握手を求めてくることが多いので、そのときは気軽に応じてください。

今度は「さようなら」を言うときです。

韓国語の「さようなら」には2つのタイプがあります。

まずは、自分がその場に残って相手を見送る場合です。そのときは、「安寧に行ってください」という意味で「안녕히 가세요 (アンニョンヒ カセヨ)」と言います。「안녕 (アンニョン)」は「安寧」です。

次に、自分が去っていく場合は見送ってくれる人に対して「安寧にいてください」という意味で「안녕히 계세요 (アンニョンヒ ケセヨ)」と言います。

見送る人と見送られる人では「さようなら」の言い方が変わるのです。日本語にはない用法なのでとまどうかもしれませんが、じきに慣れるでしょう。

ただし、「どっちだったかな?」と迷ったら、単に「안녕히 (アンニョンヒ)」とだけ言って優しく手を振れば、それで十分です。気持ちがしっかり伝わります。

안녕하십니까？　　アンニョンハシムニカ　こんにちは。

안녕하세요？　　　アンニョンハセヨ　こんにちは。

처음 뵙겠습니다.　チョウム ペッケッスムニダ
　　　　　　　　　はじめてお目にかかります。

반가워요.　　　　バンガウォヨ（お会いできて）うれしいです。

반갑습니다.　　　バンガプスムニダ（お会いできて）うれしいです。

저는 ○○○라고 합니다.　チョヌン ○○○ラゴ ハムニダ
　　　　　　　　　　　私は○○○と申します。

앞으로 잘 부탁합니다.　アップロ チャル ブタッカムニダ
　　　　　　　　　　これからよろしくお願いします。

안녕히 가세요.　アンニョンヒ カセヨ
　　　　　　　さようなら（去っていく人に対して）。

안녕히 계세요.　アンニョンヒ ケセヨ
　　　　　　　さようなら（見送ってくれる人に対して）。

Column 口癖のように出てくる「チョンマル」

　韓国の人と会話をしていてひんぱんに出てくる言葉だと思ったのが「정말（チョンマル／本当）」です。日本でも会話の中で「本当に」という言葉を口癖のように入れる人がいますが、同じ意味の「정말」を会話の中によく使う人が韓国にも多いのです。みなさんもぜひ「정말」を会話の中の便利なフレーズとしてどんどん使ってください。たとえば、言葉に詰まったときでも「정말」と言ってうなずいていれば、少しは間合いを取れます。

▶**phrase** 정말を使った言葉

정말 사랑해요.　チョンマル サランヘヨ　本当に愛してます。

정말이야？　チョンマリヤ　本当なのか？

シーン6 **数字** 編

> **とても大事な数字の使い方を覚えよう**

　韓国に行くとき、かならず覚えておきたいのが数字の表現です。

　誰かと日時の約束をするとき、食堂で会計の計算をするとき、品物をいくつも買うときなど、数字を使う場面がたくさん出てくるからです。

　しかも、数字を間違えると大きな影響が出ます。なので、相手に数字を伝えたり、相手の言う数字を正確に把握するということは、とても大事なのです。

　さらに言うと、韓国語にも日本語と同様に漢数詞と固有数詞があり、それを使い分けなければなりません。

　まずは漢数詞を見てみましょう。

✏ Vocabulary 漢数詞

☐	1 일 (イル)	☐	8 팔 (パル)
☐	2 이 (イ)	☐	9 구 (ク)
☐	3 삼 (サム)	☐	10 십 (シブ)
☐	4 사 (サ)	☐	百 백 (ベク)
☐	5 오 (オ)	☐	千 천 (チョン)
☐	6 육 (ユク)	☐	万 만 (マン)
☐	7 칠 (チル)		

漢数詞は「〜月〜日」といった場合などに使われます。「1月2日」であれば、「일월이일 (イロルイイル)」となります。「월 (ウォル)」が「月」、「일 (イル)」が「日」です。

　このように、月日のときは漢数詞なのですが、「〜시〜분 (〜シ〜プン／〜時〜分)」の「〜時」のときは、次に説明する固有数詞が使われます。ただし、「〜分」には漢数詞が使われます。ややこしいですが、慣れるしかありません。

Vocabulary 漢数詞が使われる代表的な助数詞

□ 〜ウォン　〜원 (ウォン)	□ 〜回　〜회 (フェ)
□ 〜年　〜년 (ニョン)	□ 〜階　〜층 (チュン)
□ 〜分　〜분 (プン)	□ 〜番　〜번 (ボン)

固有数詞を使う割合が高い

　今度は韓国語の固有数詞を見てみましょう。

Vocabulary 固有数詞

□ 一つ　하나 (ハナ)	□ 七つ　일곱 (イルゴブ)
□ 二つ　둘 (トゥル)	□ 八つ　여덟 (ヨドル)
□ 三つ　셋 (セッ)	□ 九つ　아홉 (アホブ)
□ 四つ　넷 (ネッ)	□ 十　열 (ヨル)
□ 五つ　다섯 (タソッ)	□ 二十　스물 (スムル)
□ 六つ　여섯 (ヨソッ)	

　以上のとおりですが、固有数詞の「一つ」「二つ」「三つ」「四つ」「二十」は、「〜個」といった単位の助数詞が後に付くときは、次のように変

化します。

✏️*Vocabulary* 固有数詞の変化

□ 一つ 하나 → 한 (ハン)

□ 二つ 둘 → 두 (トゥ)

□ 三つ 셋 → 세 (セ)

□ 四つ 넷 → 네 (ネ)

□ 二十 스물 → 스무 (スム)

なお、韓国語では固有数詞をたくさん使う傾向にあります。なので、固有数詞は早い段階でかならず覚えましょう。

✏️*Vocabulary* 固有数詞が使われる代表的な助数詞

□ ~時 ~시   □ ~時間 ~시간   □ ~名 ~명

□ ~個 ~개   □ ~枚 ~장   □ ~歳 ~살

> ### こんなときはどちらを使う？

これまで漢数詞と固有数詞の使い方を見てきましたが、とっさのときには「どっちだったかな？」と迷う場面が何度も出てくることでしょう。ひんぱんに使うものを以下にまとめました。特にしっかり覚えておきましょう。

・買い物や食事をした際の会計のときには漢数詞を使う

・○年○月○日のときは漢数詞を使う

・時間を言うときは「固有数詞＋시 (時)」「漢数詞＋분 (分)」となる。

・「○名」「○個」「○枚」といった多くのものを数える助数詞が付くと固有数詞を使う。

シーン7 **姓名** 編

韓国の人たちの名前の付け方とは？

韓国ドラマを見ていると、登場する兄弟の名前がよく似ていると思いませんか。

実際に韓国では、兄弟やいとこの名前に共通点が多くあります。というのは、一族の何代目に当たるかによって付ける漢字が同じになるケースがよくあるのです。

たとえば、私は一族の27代目ですが、この代は「熙（희／ヒ）」という漢字を名前に付けています。兄やいとこも同じ27代目ですから、同じく「熙」を付けています。それによって、兄弟やいとこの名前が似てくるのです。

このように、一族の何代目に該当するかによって決められる漢字一文字のことを「行列字（항렬자／ハンニョルチャ）」、あるいは「돌림자（トルリムジャ）」と言います。

さらに、男性の場合は、伝統的な「五行思想」（万物は「火」「水」「木」「金」「土」の5種類の元素から成り立っているという思想）に基づいた漢字が名前によく採用されています。

具体的に男性の名前を見ると、どこかに「火」「水」「木」「金」「土」が入っていることが多いのです。

ここでは詳しい解説は省きますが、たとえば、イ・ビョンホン（이병헌／李炳憲）、チャン・グンソク（장근석／張根碩）、イ・ジョンソク（이종석／李鍾碩）といった人気俳優の名前にも五行思想に基づいた文字がどこかに入っています。

以上のように、韓国男性の名前の付け方には「行列字」と「五行思想」

が大きく影響しています。

一方、女子の名前を付けるときには、親が娘の幸せを願って「姫（희／ヒ）」「淑（숙／スク）」「美（미／ミ）」「玉（옥／オク）」「恩（은／ウン）」「珍（진／チン）」などの漢字がよく付けられます。

日本では「珍」は付けませんが、韓国ではとても女性らしい漢字として採用される場合が多いようです。女優のソン・イェジン（손예진／孫芸珍）の名前にも入っています。

名前の付け方の傾向を知っておくと、初めて会った人の名前にも親しみを感じることができるでしょう。

なお、姓に関しては日韓の間で大きな違いがあります。それは、結婚しても韓国では女性の姓が変わらないということです。これは、自分の出身一族を終生明らかにするという目的のためでもあります。

韓国では個人を特定するときに「どの一族の出身であるか」が特に重要視されており、女性は結婚しても自分の姓を守り続けます。つまり、韓国では伝統的に夫婦別姓であり、子供のほとんどは父親の姓を名乗っています。

五大姓だけで人口の半分を越える

日本人の姓は30万種類ちかくもあると言われています。

しかし、韓国人の姓は300もありません。数の違いは歴然としています。

人口がとても多い姓が「金（김／キム）」と「李（이／イ）」です。特に「金」は人口の21.6%を占めています。

これだけ多いと、姓だけでその人を呼ぶと何人も振り向く結果になりますので、韓国では姓だけで人を呼ぶことは少なく、フルネームが基本になっています。友人同士の場合は、姓ではなく名前で呼

びあうことが多いでしょう。

二番目に多い「李」は人口の 14.8% を占めています。

三番目が「朴 (박／パク)」で、人口の 8.5% です。

以上の「金」「李」「朴」という 3 大姓だけで人口の 44.9% にのぼります。

4 番目に人口が多い姓が「崔 (최／チェ)」で、5 番目が「鄭 (정／チョン)」です。3 大姓に「崔」と「鄭」を加えると 5 大姓と呼び、人口の 54.0% を占めています。

韓国で誰かに会ったら、2 人に 1 人以上は五大姓のどれかに該当します。このように、同じ姓がとても多いということなのです。

なお、韓国人の姓は漢字 1 つが基本ですが、ごく稀に漢字 2 文字の姓もあります。具体的には、「南宮 (남궁／ナムグン)」、「皇甫 (황보／ファンボ)」などです。

それでは、韓国で人口が多い姓を順に見てみましょう。

Ranking 韓国で人口が多い姓 上位 20			
順位	名前	順位	名前
第1位	金 김 (キム)	第11位	呉 오 (オ)
第2位	李 이 (イ)	第12位	韓 한 (ハン)
第3位	朴 박 (パク)	第13位	申 신 (シン)
第4位	崔 최 (チェ)	第14位	徐 서 (ソ)
第5位	鄭 정 (チョン)	第15位	権 권 (クォン)
第6位	姜 강 (カン)	第16位	黄 황 (ファン)
第7位	趙 조 (チョ)	第17位	安 안 (アン)
第8位	尹 윤 (ユン)	第18位	宋 송 (ソン)
第9位	張 장 (チャン)	第19位	柳 류 (リュ)
第10位	林 임 (イム)	第20位	洪 홍 (ホン)

なお、韓国語で「名前」は「이름 (イルム)」と言います。

韓国で初めて会った人に名前を聞くときは、丁寧な表現で「성함이 어떻게 되십니까? (ソンハミ オットッケ テシムニカ?)」と言います。「お名前は何でしょうか?」という意味です。「성함 (ソンハム)」は漢字で書けば「姓銜」に該当し、「姓名」の丁寧語です。

성함이 어떻게 되십니까?
ソンハミ オットッケ テシムニカ?
お名前は何でしょうか?

저는 야마다라고 합니다.
チョヌン ヤマダラゴ ハムニダ
私は山田と申します。

제 이름은 야마다입니다.
チェ イルムン ヤマダイムニダ
私の名前は山田です。

이름은 뭐예요?
イルムン ムォイェヨ?
名前は何ですか?

저는 야마다예요.
チョヌン ヤマダイェヨ
私は山田です。

이름은
뭐예요?

Column 「約束」という単語が示している事実

「約束／약속」という単語は、日本語でも韓国語でも「ヤクソク」と読みます。韓国語の場合は「ク」が「ku」でなく母音のない「k」なのですが、発音はよく似ています。

　この例が象徴しているように、日本語で「〜く」と読む漢字は、韓国語でも「〜ク」と読むことが多いのです。

　これは、とても重要な共通点です。日本語で「〜く」と読む漢字はかなり多いのですが、その発音が韓国語に似ているというわけです。このことを知っておけば、知らない読み方が出てきても応用が効く場合があります。例を出しましょう。

漢字	日本語読み	韓国語（読み方）
速	そく	속(ソク)
薬	やく	약(ヤク)
幕	まく	막(マク)
各	かく	각(カク)
欲	よく	욕(ヨク)
悪	あく	악(アク)

　いかがでしょうか。日本語と韓国語が似た発音になっています。この共通点が発展して、漢字二文字でも同じ読み方をするものがあります。

漢字	日本語読み	韓国語（読み方）
記憶	きおく	기억(キオク)
速度	そくど	속도(ソクト)
孤独	こどく	고독(コドク)
独身	どくしん	독신(トクシン)
束縛	そくばく	속박(ソクバク)

PART

4

韓流エンタメの
話題やトレンドを
教材にしてみよう

スターの出身地や
有名なロケ地を調べる際に
地名は必須！

「道」と「特別市」と「広域市」

韓国の行政区域は、以下のようになっています。

Vocabulary 韓国の行政区域／道

☐ 京畿道　경기도 _{キョンギド}　　　　☐ 全羅南道　전라남도 _{チョルラナムド}

☐ 忠清北道　충청북도 _{チュンチョンプクト}　　☐ 慶尚北道　경상북도 _{キョンサンプクト}

☐ 忠清南道　충청남도 _{チュンチョンナムド}　　☐ 慶尚南道　경상남도 _{キョンサンナムド}

☐ 江原特別自治道　강원특별자치도 _{カンウォントゥクピョルジャチド}

☐ 全北特別自治道　전북특별자치도 _{チョンブクトゥクピョルジャチド}

☐ 済州特別自治道　제주특별자치도 _{チェジュトゥクピョルジャチド}

Vocabulary 韓国の行政区域／特別市・広域市・主な都市

〔特別市〕
☐ ソウル　서울 _{ソウル}

〔特別自治市〕
☐ 世宗　세종 _{セジョン}

〔広域市〕
☐ 仁川　인천 _{インチョン}

☐ 大田　대전 _{テジョン}

☐ 大邱　대구 _{テグ}

☐ 蔚山　울산 _{ウルサン}

☐ 釜山　부산 _{プサン}

☐ 光州　광주 _{クァンジュ}

〔主な都市〕
☐ 水原　수원 _{スウォン}

☐ 春川　춘천 _{チュンチョン}

☐ 束草　속초 _{ソクチョ}

☐ 江陵　강릉 _{カンヌン}

☐ 清州　청주 _{チョンジュ}

☐ 安東　안동 _{アンドン}

☐ 全州　전주 _{チョンジュ}

☐ 木浦　목포 _{モッポ}

☐ 順天　순천 _{スンチョン}

☐ 浦項　포항 _{ポハン}

☐ 慶州　경주 _{キョンジュ}

☐ 昌原　창원 _{チャンウォン}

☐ 統営　통영 _{トンヨン}

☐ 済州　제주 _{チェジュ}

韓国
MAP

束草
속초

京畿道
경기도

春川
춘천

江原特別自治道
강원특별자치도

江陵
강릉

仁川
인천

ソウル
서울

水原
수원

忠清北道
충청북도

清州
청주

忠清南道
충청남도

世宗
세종

安東
안동

慶尚北道
경상북도

大田
대전

大韓民国
대한민국

浦項
포항

全州
전주

大邱
대구

慶州
경주

全北特別自治道
전북특별자치도

蔚山
울산

慶尚南道
경상남도

昌原
창원

光州
광주

順天
순천

釜山
부산

全羅南道
전라남도

統営
통영

木浦
목포

済州特別自治道
제주특별자치도

済州
제주

100km

N

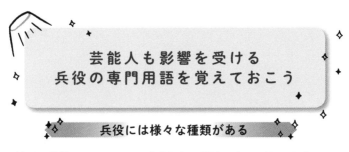

芸能人も影響を受ける 兵役の専門用語を覚えておこう

兵役には様々な種類がある

　韓国の芸能ニュースでは、「兵役」に関するものがとても多いのですが、兵役は韓国語で「병역（ピョンヨク）」と言います。

　K-POPのスターが入隊や除隊をすると、大きな話題となります。実際、あこがれのスターが兵役に入るというのは、本当に気になることでしょう。そこで、兵役に関連する専門用語を日本語と韓国語で紹介していきましょう。

　韓国で兵役を司る役所は「兵務庁（병무청／ピョンムチョン）」です。

　この役所は日本にないので、どんな業務をするのかわからない人が多いと思いますが、兵務庁は兵役対象者を管理して、入隊までの手続きを行います。

　芸能人の場合は入隊を延期する人が多いのですが、彼らは兵務庁に入隊の延期を願い出て許可をもらい、実際に入隊する時期まで芸能活動を行っています。そういう意味で、入隊前の芸能人は兵務庁と良い関係を保っておく必要があります。

　また、すべての兵役については「兵役法（병역법／ピョンヨッポブ）」によって細かく規定されています。

　その兵役法の第3条に兵役義務と称した規定があります。この規定によって男子は全員が兵役の義務を負います。

　韓国の男子は高校を卒業すると徴兵検査を受けて、兵役の等級を判定されます。等級によって、兵役の種類が変わります。

point　韓国の兵役の等級と種類

✦ **1級から3級** 現役 (현역／ヒョニョク)
実際に師団 (사단／サダン) で軍務に就きます。

✦ **4級** 社会服務要員 (사회복무요원／サフェボンムヨウォン)
軍務に就く代わりに公的機関で勤務します。

✦ **5級** 第2国民役 (제2국민역／チェイクンミニョク)
平時は兵役に就かず戦時に後方支援を担当します。

✦ **6級** 兵役免除 (병역면제／ピョンヨンミョンジェ)
兵役に就く必要がありません。

✦ **7級** 再検査 (재검사／チェゴムサ)
一定期間の後に再度の検査を受けます。

✦ 兵役延期はいつまで可能か ✦

　兵役の「服務期間 (복무기간／ボンムギガン)」は時代によって短縮
されてきましたが、現在は次のようになります。

point　韓国の兵役期間

✦ 陸軍 (육군／ユックン) と海兵隊 (해병대／ヘビョンデ) :18カ月

✦ 海軍 (해군／ヘグン) :20カ月

✦ 空軍 (공군／コングン) :22カ月

「入営（입영／イビョン）」すると、各兵士は次のように昇級していきます。

「二兵（이병／イビョン）」→「一兵（일병／イルビョン）」→
「上兵（상병／サンビョン）」→「兵長（병장／ビョンジャン）」

　一般的な階級名では、「二兵」は「二等兵」、「一兵」は「一等兵」、「上兵」は「上等兵」を意味しています。そして、兵長を最後に「除隊」します。韓国語では除隊のことを「転役（전역／チョニョク）」と言います。

　韓国の兵役法には「義務履行期日の延期は30歳を超過することはできない」という規定があります。これによって30歳までに入隊する芸能人が多かったのですが、現在では兵務庁が兵役延期に厳しい姿勢で臨むようになり、28歳を越えると延期が難しくなりました。よって、芸能人も28歳までに入隊するようになっています（兵役の年齢の数え方は基本的に「満」が適用されます）。

動員訓練と兵役特例制度

　現役として軍務を終えて除隊しても、厳密な意味での兵役は終わっていません。今度は「予備役（예비역／イェビョク）」に編入されて定期的に訓練を受けます。その訓練は次のようになっています。

　4年間の「動員訓練（동원훈련／トンウォンフルリョン）」→
　2年間の「郷防訓練（향방훈련／ヒャンバンフルリョン）」→
　40歳までの「民防衛訓練（민방위훈련／ミンバンウィフルリョン）」→
兵役が完全に終わります。

　動員訓練は1年間に28時間ずつ実施されます。通常は2泊3日で射撃訓練などを行います。

　また、郷防訓練は1年間に20時間ずつで1泊2日で訓練をします。民防衛訓練は招集をかけたときにすぐ集まれるかをチェッ

クするための訓練です。これを 40 歳まで行うと、兵役が完全に終わります。

　なお、韓国には、スポーツと芸術の分野で世界的な活躍をした人に兵役免除の特例を与える制度があります。これを「兵役特例制度（병역특례제도／ピョンヨクトゥンネチェド）」と言います。

　スポーツの分野では「オリンピックのメダリスト」「アジア大会の金メダリスト」が対象であり、芸術の分野では「国際芸術コンクール２位以上の入賞者」「国内芸術コンクールの優勝者」が兵役免除となります。

　しかし、K-POP などの大衆音楽はずっと特例の対象からはずされていました。

　BTS が世界的な活躍をするようになってから、「大衆音楽も兵役免除の対象にすべきだ」という声が多くなり、兵務庁は兵役特例制度の問題を再検討しましたが、結局は従来の制度が維持されて変更はありませんでした。

✎ *Vocabulary* 知っておくと便利な兵役用語

☐ 兵役	병역 (ピョンヨク)	☐ 召集	소집 (ソジプ)
☐ 志願	지원 (チウォン)	☐ 転役（除隊）	전역 (チョニョク)
☐ 陸軍	육군 (ユックン)	☐ 海兵隊	해병대 (ヘビョンデ)
☐ 軍楽隊	군악대 (クナクテ)	☐ 国防部（国防省）	국방부 (クッパンブ)
☐ 軍隊	군대 (クンデ)	☐ 部隊	부대 (プデ)
☐ 将校	장교 (チャンギョ)	☐ 士官	사관 (サグァン)

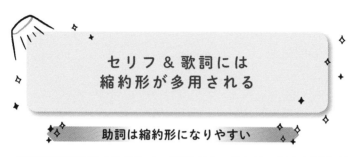

助詞は縮約形になりやすい

韓国語は縮約型を作りやすい言語です。それは、母音と子音がくっついて1つの音を出すという特徴があるからです。

そうした縮約型は会話でひんぱんに使われます。必然的にK-POPの歌詞でも、縮約型が多用されています。その代表的なものを覚えておけば、歌詞を訳したり、覚えたりするときに、ずいぶんと助けになるでしょう。それは、ドラマのセリフでも同じです。

縮約型のかんたんな例を見ていきます。

まずは「너는 (ノヌン／君は)」と「너를 (ノルル／君を)」の例からです。

너는 → 넌

너를 → 널

この場合は、助詞のパッチムが前の言葉と合体して、「넌 (ノン)」と「널 (ノル)」のように1つになりました。

このように、助詞が縮約形になるのはよくあることです。

次に、「君に」という韓国語の縮約形を作ってみましょう。

本来なら「너 (ノ)」に、「〜に」に該当する「에게 (エゲ)」をつけますが、以下のような短縮形になります。

너 + 에게 → 네게

このように3文字のはずが、短縮形なら「네게 (ネゲ／君に)」という2文字になります。

名詞と語尾の縮約形を覚えよう

　縮約形は名詞にも適用されます。たとえば、「이야기 (イヤギ／話)」は「얘기 (イェギ)」、「마음 (マウム／心)」は「맘 (マム)」となります。

　縮約形は韓国語に多いのですが、얘기のように「二重母音」になったり、맘のように「後ろの文字のパッチムが前の文字にくっつく」という法則を覚えると、初めて見る縮約形でももとの形を予測することができます。

　次に、語尾の縮約形を見てみましょう。韓国ドラマを見ていると、セリフの語尾の縮約形が本当に多いです。たとえば、「～지요(チョ／ですよ)」はすぐに「～죠 (チョ)」になりますし、「주어요 (チュオヨ／あげます)」は「줘요 (チョヨ)」になります。「～이에요 (イエヨ／～です)」は、名詞にパッチムがない場合「예요 (イェヨ)」と短くなります。

 Column 驚いたときに発する言葉は？

　面白いドラマほど、登場人物が驚く場面がたっぷり出てきます。典型的なのがドラマの終了場面。毎回のように、登場人物が驚いて口をポカンと開けたシーンなどが静止画面となってその回が終了します。そして、次回への関心をかきたてるというわけです。

　このように、ドラマでは驚きの場面が目白押しとなるのですが、そのときにどんな言葉が出てくるでしょうか。

▶**phrase** 驚きの場面で発せられるセリフ

　　설마　ソルマ　まさか
　　뭐?　ムォ　何?
　　어머　オモ　まあ

K-POP のスターは
努力して日本語を習得している

K-POP のスターを見ていると、日本語を上手に話す人がたくさんいます。これは、本当に頭が下がることです。今は、デビュー前の研修生の時代から歌や踊りだけでなく、演技などの練習に励む人もいますし、将来スターになったときに備えて外国語を勉強している人も多くいます。

スターになるためには才能と努力が必要ですが、それに加えて外国語の習得にも時間をさかなければいけないので大変です。

日本で人気がある K-POP のスターたちは、ライブでも日本の観客に向けてメッセージを日本語で話します。日本語の歌詞の曲も多く披露します。ただし、彼らにとっては外国語となる日本語は、習得に時間がかかる言語です。特に日本語と韓国語の違いについて注目すると、そのことがよくわかります。

客観的に見ると、日本人が韓国語を学ぶより、韓国人が日本語を学ぶほうが難しいのです。理由は漢字の発音です。

韓国語は、漢字の発音が原則的に 1 つしかありません。いっぽう日本語は、音読みや訓読みを含めて漢字の発音が複数あります。

つまり、日本人が韓国語を習うときは漢字の発音を 1 つだけ覚えればいいのですが、韓国人が日本語を勉強しようとすると、漢字の読み方をいくつも覚えなければいけません。これは本当に大変なことです。そういう苦労を K-POP のスターたちは経験しているわけです。

韓国語にない発音で苦労する

　韓国語は原則的に語頭（言葉の一番最初の文字）が濁音になりません。言葉の最初はいつも清音（濁らない音）なのです。逆に日本語には、語頭が濁音になる発音がいっぱいあります。その結果、韓国の人は、語頭が濁音になる発音にとまどいます。

　たとえば、「ですから」と言おうとしても「てすから」に近い発音になってしまったり、「だめですよ」という発音も「ためですよ」という発音になりやすいのです。そのあたりは韓国の人たちも注意していて語頭の濁音をしっかり発音しようとしますが、慣れないうちはなかなか直りません。

　韓国語は語頭が清音になるかわりに、語頭以外では逆に濁音になりやすいという特徴を持っています。その発音に慣れすぎてしまっていますので、日本語を話すときにたとえば「ひとり」が「ひどり」に近い発音になったりします。誰もがそうというわけではありませんが、日本語を正確に発音しているなかで、ふとしたときに母国語の癖が出やすいということです。

　ほかにも重要なポイントがあります。日本語の「ざ」と「つ」の発音が韓国語にはないのです。その結果、日本語の「ざ」と「つ」の発音に苦労するケースがあります。

「ざ」と「つ」を韓国語で表記しようとした場合、「ざ」は「자（ジャ）」になり、「つ」は「추（チュ）」となります。その結果、「混雑」の発音が「コンジャチュ」になったり、「はつらつ」の発音が「ハチュラチュ」になってしまいがちなのです。

　このように、日本語と韓国語にはそれぞれ違いがあります。K-POPのスターたちが話す日本語の発音が、少し違うと感じる部分もあると思います。しかし、それは日本語と韓国語の発音の

違いから生じるものが多く、それを克服しようとしてスターたち
も一生懸命に努力をしているのです。

◆ 語頭の濁音が清音に近い発音になりやすい

◆ 語頭以外の発音では清音が濁音になりやすい

◆ 「ざ」が韓国語にない発音なので「ジャ」と発音されやすい

◆ 「つ」が韓国語にない発音なので「チュ」と発音されやすい

Column 「シッポ」という語感

　K-POPの歌詞には、恋人に対してストレートに願いを伝え
る言葉がよく並びます。そうなると出番が増えるのが、「〜
고 싶다（コ シプタ）」という表現です。「〜したい」という意
味になります。パンマル（タメぐち）で使うときには「〜고
싶어（コ シッポ）」という言い方になることが多いです。具体
例を見てみましょう。

　　　보고 싶어　（ポゴ シッポ／会いたい）

　　　살아가고 싶어　（サラカゴ シッポ／生きていきたい）

　　　말하고 싶어　（マラゴ シッポ／言いたい）

　　　웃고 싶어　（ウッコ シッポ／笑いたい）

　　　울고 싶어　（ウルゴ シッポ／泣きたい）

　恋人に対して切実な願いがこもった言葉が、K-POP特有の
リズムに乗って歌われます。「シッポ」「シッポ」というの
は、いつまでも耳に残る響きがあります。

K-POP でよく使われる言葉で
新しい歌詞を作ってみよう

愛の表現には共通点がある

K-POP の人気グループが歌う曲の歌詞は、韓国語の縮約形を多用してストレートに愛の表現を描き切ったものがたくさんあります。

そうした歌詞の中から、使用頻度が高い単語を選び出し、それをつなぎ合わせて新しい歌詞を作ってみます。このような試みからも、K-POP の歌詞に慣れ親しむことができます。

まずは、使用頻度の高い歌詞の言葉の説明です。

너와 나　ノワ　ナ

男性側からみれば、「너（君）と 나（僕）」という表現になります。女性側からみれば、「너（あなた）と 나（私）」という言い方になりますが、相手が年上のときは「오빠（オッパ／兄さん）と 나（私）」という表現もあります。

어쩌면　オッチョミョン

意味は「どうして？」で、恋人に理由を問いかけるときによく使います。同じく「왜（ウェ）？」も、「なぜ？」という意味で多用されます。

바보같이　パボカッチ

これは「馬鹿のように」ということですが、「바보」は本来の「馬鹿」という直接な意味より、恋人に対して自分の至らなさを自虐的に表現するときに使われます。

이런 운명　イロン ウンミョン

「このような運命」という意味ですが、「운명」という名詞は2人の関係をドラマチックに表すときに歌詞によく出てきます。

미안해　ミアネ

この「ごめん」という意味の言葉は、K-POPの歌詞の常連で、「미안해、미안해…」と連呼されるケースもあります。2人がやり直すためには必須の言葉です。

가지 마　カジマ

直接的に「行かないで」と哀願するときの言葉です。「마」は「しないで」という命令の言葉の縮約形で、ここにアクセントを置くと、より気持ちが強くなります。

이별은 싫어　イビョルン シロ

恋愛の歌詞は別れを取り上げたものが多いので、必然的に「이별（別れ）」という言葉の出番が増えます。「싫어」は「～が嫌」という意味で多用されます。

이제 그만두자　イジェ クマントゥジャ

この言葉は「もう、やめよう」という意味です。2人の間で、

言い争いやケンカをやめようという場面でよく使う表現です。

말뿐만 아니라　マルップンマン アニラ

意味は「言葉だけでなく」ということ。やはり気持ちが大事だ、ということを強調するときに歌詞の中で使われます。

당당하고 싶어　タンダンハゴ シッポ

「당당하다」は「こそこそしないで堂々としている」という意味で、自分のあるべき姿を伝えたいときに出番があります。

따뜻한 마음　タットゥッタン マウム

「温かい心」というのは恋愛では特に重要なキーワードです。「따뜻한」は「温かい」、「마음」は「心」「気持ち」という意味で、とても使用頻度が高い名詞です。

행복했던 추억　ヘンボッケットン チュオク

「幸福だった思い出」という意味で、「추억」は「追憶」という漢字語です。訳すときは「思い出」にすることが多いようです。

다시 한번　タシ ハンボン

これは「もう一度」という意味で、2人がやり直すときに必須の言葉です。連呼することで、「やり直したい」という気持ちが強調されます。

돌아와　トラワ

恋人に「戻ってきて」と切実に訴えている言葉です。「幸せだったあの頃に戻りたい」という気持ちが込められています。

다시 태어나도　タシ テオナド

　自分が愛している気持ちを伝えるときに「再び生まれても」と
よく言います。自分がどれだけ愛しているかを強調するときの「た
とえ」として出す言葉です。

눈부신 너　ヌンブシン ノ

「まぶしい君」という意味です。「그대 (クデ／あなた)」をつけて「눈
부신 그대」とすれば、「まぶしいあなた」となります。

영원히　ヨンウォニ

　これは「永遠に」という意味で、K-POPにかぎらず古今東西
の恋愛の曲には必須の言葉です。2人の仲が絶頂のときは「この
愛が永遠に続く」と思うものなのですが……。

사랑하고 싶어　サランハゴ シッポ

　たとえば、「사랑합니다 (サランハムニダ)」であれば「愛しています」
となりますが、別れを回避して愛をつなぎとめたいときは「싶어」
を使って「〜したい」という気持ちを強調することになります。

　以上、K-POPの歌詞で使用頻
度が高い言葉を個々に見てきまし
たが、今度はそれをつなぎ合わせ
て1つの曲にしてみましょう。

너와 나 ノワナ		君と僕
어쩌면 オッチョミョン		どうして
바보같이 パボカッチ		馬鹿のように
이런 운명! イロン ウンミョン		こんな運命!
미안해 ミアネ		ごめん
가지 마 カジマ		行かないで
이별은 싫어 イビョルン シロ		別れは嫌だ
이제 그만두자 イジェ クマントゥジャ		もう やめよう
말뿐만 아니라 マルプンマン アニラ		言葉だけでなく
당당하고 싶어 タンダンハゴ シッポ		堂々としていたい
따뜻한 마음 タットゥッタン マウム		温かい心
행복했던 추억 ヘンボッケットン チュオク		幸福だった思い出
돌아와 トラワ		戻ってきて
다시 태어나도 タシ テオナド		もう一度生まれても
눈부신 너를 ヌンブシン ノル		まぶしい君を
영원히 ヨンウォニ		永遠に
사랑하고 싶어! サランハゴ シッポ		愛したい!

　気持ちが一時は離れてしまったけれど、もう一度新しくやり直したい、という雰囲気の歌詞になりました。

　K-POPでよく使われる歌詞というのは、多くの人の心に残る普遍性があります。そういう言葉を覚えていくことで、曲の深みをさらに味わうことができるでしょう。

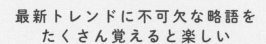

最新トレンドに不可欠な略語を
たくさん覚えると楽しい

さまざまなタイプの略語が作られている

　韓国語で「略語」のことは「준말（チュンマル）」と言います。「줄다（縮む）」と「말（言葉）」が合体した言葉なのです。

　まずは、英語に由来する略語を見てみましょう。

　「AS（エイエス）」は「애프터서비스（after service/ アフターサービス）」の略。「MT（エムティ）」は「엠티（membership training/ メンバーシップトレーニング）」の略で「合宿」のことを意味しています。また、「OT（オーティ）」は「오티（orientation/ オリエンテーション）」の略で主に「説明会」の意味で使われます。

　また、ハングルの子音だけを並べた略語も SNS でよく使われます。文章用なので発音をしないのですが、代表的なものを取り上げます。

　　「ㅎㅎ」　笑うときに使う

　　「ㅋㅋ」　笑うときに使う

　　「ㅜㅜ」　悲しんでいるときに使う

　　「ㅇㅇ」　同意するときに使う

　略語の成り立ちはそれぞれ違いますが、あくまでも使う人が便利だと感じるのが略語であり、必要に応じて覚えればいいでしょう。以下に代表的な略語を紹介します。日本語とは表現が違う用語は、読み方の後ろに直訳を入れてあります。

〔略語〕	〔略語の意味／略語の成り立ち／直訳〕
초교（チョギョ）	小学校／초등학교（チョドゥンハッキョ／初等学校）
중교（チュンギョ）	中学校／중학교（チュンハッキョ）
고교（コギョ）	高校／고등학교（コドゥンハッキョ／高等学校）
여고（ヨゴ）	女子高／여자고등학교 （ヨジャコドゥンハッキョ／女子高等学校）
남고（ナムゴ）	男子高／남자고등학교 （ナムジャコドゥンハッキョ／男子高等学校）
강추（カンチュ）	イチオシ／강력 추천 （カンリョクチュチョン／強力推薦）
훈남（フンナム）	癒し系の男／훈훈한 남자 （フヌナン ナムジャ／気持ちよくあたたかい男子）
돌싱（トルシン）	バツイチ／돌아온 싱글 （トラオン シングル／戻ってきたシングル）
멘붕（メンブン）	ショックを受けた状態／멘탈붕괴 （メンタルブンゲ／メンタル崩壊）
깜놀（カムノル）	とても驚いた／깜짝 놀랐다 （カムチャック ノルラッタ）
로코（ロコ）	ラブコメ／로맨틱 코미디 （ロメンティック コミディ／ロマンチックコメディ）
비번（ピボン）	パスワード／비밀번호（ピミルボノ／秘密番号）
교카（キョカ）	交通カード／교통카드（キョトンカドゥ）
생선（センソン）	誕生日プレゼント／생일선물（センイルソンムル）
프사（プサ）	プロフィール写真／프로필사진（プロピルサジン）
남친（ナムチン）	彼氏／남자친구（ナムジャチング／男子友人）
여친（ヨチン）	彼女／여자친구（ヨジャチング／女子友人）
스벅（スボク）	スターバックス／스타벅스（スタボクス）
맥날（メンナル）	マクドナルド／맥도날드（メッドナルドゥ）
페북（ペブク）	フェイスブック／페이스북（ベイスブック）
카톡（カトク）	カカオトーク／카카오톡（カカオトク）

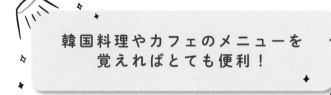

韓国料理やカフェのメニューを覚えればとても便利！

✦ ハングルがわかれば注文しやすい ✦

　多くの人にとって、グルメこそが韓国訪問のとっておきの楽しみかもしれません。日本でも韓国料理がポピュラーになって美味しい料理が食べられますが、やはり韓国に行ったときには本場の味をたっぷり堪能したいものです。

　それなのに、食堂に行ったときにハングルだけのメニューを見てどんな料理なのかがわからなければ困ってしまいます。逆に言うと、ハングルさえ読めればある程度どんな料理かがわかります。たとえば、サムゲタン、サムギョプサル、プルコギなどはその場でハングルを読めさえすれば注文ができるのです。そのために、まずはハングルで料理名を覚えることが大事になってきます。

　それは、ソフトドリンクにしてもアルコール飲料にしても同じです。ハングルが読めれば注文できるのですから、ひたすらハングルを覚えましょう。

　ただし、紅茶・緑茶・伝統茶などは漢字語がたくさん出てきますので、漢字のハングル読みがわからないと理解しづらいでしょう。たとえば、「유자차（ユジャチャ／柚子茶）」や「오미자차（オミジャチャ／五味子茶）」などが該当します。そのときは漢字のハングル読みを想像しながらメニューを選んでみるのもいいかもしれません。

　このコーナーでは、「韓国料理」「ソフトドリンク」「アルコール飲料」の３つに分けてハングル表記を紹介しています。日本語

とハングルを読めば内容がわかるものばかりですので、カタカナ発音表記は省略しています。

✎ *Vocabulary* 韓国料理やカフェのメニュー名

〔韓国料理〕

キムチ	김치	アイスティー	아이스티
ビビンバ	비빔밥	エスプレッソ	에스프레소
石焼きビビンバ	돌솥비빔밥	カフェオレ	카페오레
クッパ	국밥	カフェモカ	카페모카
冷麺	냉면	カプチーノ	카푸치노
チゲ	찌개	コーラ	콜라
プルコギ	불고기	紅茶	홍차
サムギョプサル	삼겹살	緑茶	녹차
サムゲタン	삼계탕	伝統茶	전통차
刺身	회	人参茶	인삼차
海苔巻き	김밥	ショウガ茶	생강차
トッポッキ	떡볶이	柚子茶	유자차
スンドゥブ	순두부	なつめ茶	대추차
チャプチェ	잡채	五味子茶	오미자차
タッカルビ	닭갈비		
ソルロンタン	설렁탕	〔アルコール飲料〕	
キムチチゲ	김치찌개	焼酎	소주
スンドゥブチゲ	순두부찌개	チャミスル	참이슬
プデチゲ	부대찌개	ビール	맥주
		生ビール	생맥주
		マッコリ	막걸리
〔ソフトドリンク〕		ウイスキー	위스키
コーヒー	커피		

Column パソコン&スマホの用語解説

　SNSを活用しようと思ったときは、パソコンやスマホでよく使う用語のハングルを知っておく必要があります。そこで、頻繁に使う用語の代表例を紹介します。日本語と表現が違う用語は、発音表記の後ろに直訳を入れてあります。

パソコン▶컴퓨터 (コムピュト) ／コンピューター

モニター▶모니터 (モニト)

マウス▶마우스 (マウス)

キーボード▶키보드 (キボドゥ)

フォルダ▶폴더 (ポルド)

アイコン▶아이콘 (アイコン)

開く▶열기 (ヨルギ)

閉じる▶닫기 (タッキ)

メール▶메일 (メイル) ／メール

メールアドレス▶메일주소 (メイルジュソ) ／メール住所

アドレス帳▶주소록 (ジュソロク) ／住所録

件名▶제목 (チェモク) ／題目

返信▶회신 (フェシン) ／回信

転送▶전달 (チョンダル) ／伝達

保存▶저장 (チョジャン) ／貯蔵

印刷▶인쇄 (インスェ)

コピー▶복사 (ポクサ) ／複写

挿入▶삽입 (サビプ)

削除▶삭제 (サクチェ)

ごみ箱▶휴지통 (ヒュジトン)

インターネット▶인터넷 (イントネッ)

検索▶검색 (コムセク)

画像▶이미지 (イミジ) ／イメージ

動画▶동영상 (トンヨンサン) ／動映像

PART
5
初心者のための
韓国語
基本レッスン

가 구 거
ㄴ 누 너
다 두 ㄷ

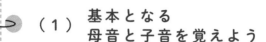

（ 1 ） 基本となる
母音と子音を覚えよう

ハングルの基本母音

最初に韓国語の 10 個の基本母音を覚えましょう。この基本母音が韓国語の根幹をなしています。

◎基本母音

ㅏ ㅑ ㅓ ㅕ ㅗ ㅛ ㅜ ㅠ ㅡ ㅣ

基本母音は、長短のある線の組み合わせになっています。その線がどんな位置にあるかによって韓国語の母音は表されます。

なお、母音を文字にするときは、無音の子音「○」を付けて表記します。実際に「○」を付けると、以下のような文字になります。カタカタで記したのはその発音です。

아 야 어 여 오 요 우 유 으 이
ア ヤ オ ヨ オ ヨ ウ ユ ウ イ

上の母音を見ると、日本語でオ、ヨ、ウと発音するものが 2 つずつあります。韓国人が発音すると少し違いが出てきますが、日本語ではその違いを表記できません。外国語を日本語で表記しようとしますと、常に限界があるのです。

とはいえ、発音の違いはわずかであり、カタカナどおりに発音しても意味が相手に伝わりますので、初心者の段階ではそのまま

カタカナにしたがって発音してみてください。

✏️ ハングルの子音

子音の中から基本的な10個だけをまず覚えましょう。

◎基本的な子音10個

ㄱ ㄴ ㄷ ㄹ ㅁ ㅂ ㅅ ㅇ ㅈ ㅎ

子音は単独で使うことができず、母音と組まないと発音できません。しかし、表記がないと何のことかわかりませんので、仮に、子音に該当するアルファベットをつけてみましょう。

| ㄱ | ㄴ | ㄷ | ㄹ | ㅁ | ㅂ | ㅅ | ㅇ | ㅈ | ㅎ |
| K | N | T | R | M | P | S | 無声 | CH | H |

今度は、子音を母音と組み合わせてみましょう。ここでは母音の「ㅏ（ア）」をつけて読んでみます。すると、次のようになります。

가	나	다	라	마	바	사	아	자	하
カ	ナ	タ	ラ	マ	パ	サ	ア	チャ	ハ
KA	NA	TA	RA	MA	PA	SA	A	CHA	HA

この場合、「子音＋母音」が横に並列となって1つの形ができています。つまり、子音と母音が左右（左が子音で右が母音）で合体していることで、1つの文字が完成しています。

一方、子音と母音を上下（上が子音で下が母音）で合体させる構造もあります。例として母音の「ㅗ（オ）」を各子音と組み合わ

せてみます。

고	노	도	로	모	보	소	오	조	호
コ	ノ	ト	ロ	モ	ポ	ソ	オ	チョ	ホ
KO	NO	TO	RO	MO	PO	SO	O	CHO	HO

　このように、子音と母音が上下に組み合わされて文字が完成しています。

　つまり、韓国語の基本構造は、「子音と母音が左右と上下の二通りで合体して文字となる」と理解してください。

◀ 母音と子音の組み合わせで文字ができる

　ハングルの子音は母音と組まないと発音できません。そこで、これまでに学んだ10個ずつの母音と子音がどのような組み合わせのときにどんな音になるかを右ページのハングル表で明らかにしてみましょう。

　母音と子音の組み合わせ方には一定の法則があります。

　縦の長い棒（丨）が基になっている母音（ㅏ、ㅑ、ㅓ、ㅕ、ㅣ）は、子音を左側に付けます。

> 例…… ㄱ ＋ ㅏ ＝ 가

　いっぽう、横の長い棒（ー）が基になっている母音（ㅗ、ㅛ、ㅜ、ㅠ、ー）は、子音を上に付けます。

> 例…… ㄱ ＋ ㅜ ＝ 구

以上のように、韓国語の文字は作られています。

子音 ＼ 母音	1 ㅏ (ア)	2 ㅑ (ヤ)	3 ㅓ (オ)	4 ㅕ (ヨ)	5 ㅗ (オ)	6 ㅛ (ヨ)	7 ㅜ (ウ)	8 ㅠ (ユ)	9 ㅡ (ウ)	10 ㅣ (イ)
1 ㄱ (K)	가 カ	갸 キャ	거 コ	겨 キョ	고 コ	교 キョ	구 ク	규 キュ	그 ク	기 キ
2 ㄴ (N)	나 ナ	냐 ニャ	너 ノ	녀 ニョ	노 ノ	뇨 ニョ	누 ヌ	뉴 ニュ	느 ヌ	니 ニ
3 ㄷ (T)	다 タ	댜 ※	더 ト	뎌 ※	도 ト	됴 ※	두 トゥ	듀 ※	드 トゥ	디 ティ
4 ㄹ (R)	라 ラ	랴 リャ	러 ロ	려 リョ	로 ロ	료 リョ	루 ル	류 リュ	르 ル	리 リ
5 ㅁ (M)	마 マ	먀 ミャ	머 モ	며 ミョ	모 モ	묘 ミョ	무 ム	뮤 ミュ	므 ム	미 ミ
6 ㅂ (P)	바 パ	뱌 ピャ	버 ポ	벼 ピョ	보 ポ	뵤 ピョ	부 プ	뷰 ピュ	브 プ	비 ピ
7 ㅅ (S)	사 サ	샤 シャ	서 ソ	셔 ショ	소 ソ	쇼 ショ	수 ス	슈 シュ	스 ス	시 シ
8 ㅇ (無)	아 ア	야 ヤ	어 オ	여 ヨ	오 オ	요 ヨ	우 ウ	유 ユ	으 ウ	이 イ
9 ㅈ (CH)	자 チャ	쟈 チャ	저 チョ	져 チョ	조 チョ	죠 チョ	주 チュ	쥬 チュ	즈 チュ	지 チ
10 ㅎ (H)	하 ハ	햐 ヒャ	허 ホ	혀 ヒョ	호 ホ	효 ヒョ	후 フ	휴 ヒュ	흐 フ	히 ヒ

(注) 表のなかにある※の読み方は日本語での表記が難しいので省略しました。ほとんど使われないハングルなので、現段階では覚えなくても大丈夫です。

（2） 母音が二つ重なって　　二重母音ができる

二重母音の数は 11 個

すでに基本となる 10 個の母音を説明しましたが、実は他にも母音があります。韓国語では、母音同士がくっついて二重母音を作るのです。その数は 11 個あります。

それらはどのような組み合わせによって二重母音になるのでしょうか。

以下のように合体して 11 個の二重母音が作られていきます。

二重母音				
이	+	아	→	애 (エ)
이	+	애	→	애 (イェ)
이	+	어	→	에 (エ)
이	+	에	→	예 (イェ)
오	+	아	→	와 (ワ)
오	+	애	→	왜 (ウェ)
오	+	이	→	외 (ウェ)
우	+	어	→	워 (ウォ)
우	+	에	→	웨 (ウェ)
우	+	이	→	위 (ウィ)
으	+	이	→	의 (ウイ)

（『의』は、「ウ」と「イ」を立て続けに発音するような感じで声を出します）

二重母音は、単独で使われる場合と、子音と組み合わさって使われる場合の二通りがあります。

　いずれにしても、まずは基本の 11 個をしっかり覚えておけば、あとは応用が効きます。

　それでは、下のイラストの吹き出しで、二重母音を使った単語の実例を見てみましょう。

Vocabulary　二重母音の単語

제작
チェジャク
制作

세계
セゲ
世界

연예
ヨネ
演芸

배우
ペウ
俳優

주제가
チュジェガ
主題歌

대본
テボン
台本

화제
ファジェ
話題

연애
ヨネ
恋愛

활동
ファルドン
活動

영화
ヨンファ
映画

パッチムとは何か

日本語の大きな特徴は、1つずつの文字の発音がかならず母音で終わるということです。

たとえば、ひらがなをローマ字で表記してみると、「あ（A）」「か（KA）」「し（SI）」「て（TE）」「ほ（HO）」「み（MI）」など……すべて発音が母音で終わります。

韓国語にも発音が母音で終わる文字がたくさんあります。そのように母音で終わる発音は、日本人も慣れていますので、たとえ韓国語でも正確に発音できます。

しかし、韓国語には「子音＋母音＋子音」というように、最後が子音で終わる発音があります。その最後の子音のことをパッチム（終声）と呼んでいます。

パッチムになる子音は合計で27個もあるのですが、ほとんど使われないものもあります。まずは基本の7個を覚えてください。

point 基本のパッチム			
パッチム	音	パッチムのない形	パッチムがつく形
ㄱ	K	가(カ) →	각(KAK／カク)
ㄴ	N	가(カ) →	간(KAN／カン)
ㄷ	T	가(カ) →	갇(KAT／カッ)
ㄹ	L	가(カ) →	갈(KAL／カル)
ㅁ	M	가(カ) →	감(KAM／カム)
ㅂ	P	가(カ) →	갑(KAP／カプ)
ㅇ	NG	가(カ) →	강(KANG／カン)

　日本語には母音で終わる言葉しかないので、日本人はパッチムを母音のように読んでしまいます。しかし、パッチムは子音ですので、母音とは違う発音にしなければいけません。ここがハングルの難しいところです。

　改めて、「다」というハングルを例に出し、カタカナ表記を通してパッチムの基本的な発音を見ていきましょう。

パッチムの基本的な発音

닥（タク）… 声を強く吐き出して「タク」と言う。

단（タン）… 舌を少し出すような感じで「タン」と言う。

닫（タッ）… 声を強く吐き出して「タッ」と言う。

달（タル）… 舌を丸めながら「タル」と言う。

담（タム）… 口を閉じながら「タム」と言う。

답（タプ）… 声を止めるような感じで「タプ」と言う。

당（タン）… 口を丸くして「タン」と言う。

実際にパッチムが入った単語を見ていきましょう。

연출（ヨンチュル／演出）	**원작**（ウォンジャク／原作）
영상（ヨンサン／映像）	**인물**（インムル／人物）
미술（ミスル／美術）	**감독**（カムドク／監督）
편집（ピョンジプ／編集）	

（4） 平音・激音・濃音の違いを
理解する

激音の発声とは？

　パッチムは日本語にまったくないものですので、それに慣れるの
に時間がかかるのですが、同じように日本語にない発音が、激音と
濃音です。

　実は、今までに学んできた子音は平音と呼ばれるものでした。韓
国語の子音には他に、激音と濃音というものがあります。つまり、
子音は平音、激音、濃音という3種類があるのです。これは、発音
するときの声の出し方が違うものです。

　平音が基本であり、それは普通に声を出す発音を意味しています。
しかし、激音と濃音は違います。意識して特別な発声をする必要が
あります。

　まずは、激音から説明します。

　韓国語の子音には、以下のように激音が4個あります。

ㅋ　　ㅌ　　ㅍ　　ㅊ

♪ 上記の激音に「ㅏ」という母音をつけて発音してみます。

ㅋ ＋ ㅏ ＝ 카 (カ)

ㅌ ＋ ㅏ ＝ 타 (タ)

ㅍ ＋ ㅏ ＝ 파 (パ)

ㅊ ＋ ㅏ ＝ 차 (チャ)

このように、カタカナでいえば「カ、タ、パ、チャ」という発音になりますが、声の出し方が平音とは違います。

　たとえれば、辛いトウガラシを食べたあとに息をカーッと吐き出すように言うのが激音なのです。

　順に言うと、「カーッ」「ターッ」「パーッ」「チャーッ」という感じになります。

◀ 濃音とはどういうものか

　韓国語の子音には、以下のように濃音が5個あります。

ㄲ　　ㄸ　　ㅃ　　ㅆ　　ㅉ

🎵 上記の濃音に「ㅏ」という母音をつけて発音してみます。

ㄲ ＋ ㅏ ＝ 　까 (カ)

ㄸ ＋ ㅏ ＝ 　따 (タ)

ㅃ ＋ ㅏ ＝ 　빠 (パ)

ㅆ ＋ ㅏ ＝ 　싸 (サ)

ㅉ ＋ ㅏ ＝ 　짜 (チャ)

　以上のように、カタカナで表記すれば「カ、タ、パ、サ、チャ」となる5つの濃音ですが、促音の「っ」が前に入っている感じで発音すればいいでしょう。

　たとえば、「ッカ、ッタ、ッパ、ッサ、ッチャ」というような発音です。

　発音し終わった瞬間にウッと息を止める感じになります。

韓国語はリエゾンがとても多い

日本語で「反応」を発音すると、「はんのう」になります。しかし、個々の漢字をそのまま発音すると「はん」「おう」となります。それなのに、なぜ「はんのう」と読むのでしょうか。

その理由は明らかです。「はんおう」より「はんのう」のほうがずっと読みやすいので、それが慣例になってしまったのです。このような例として、「感応（かんのう）」も同様です。

つまり、連続する音を読むときに、後ろの音の読みが変化することが日本語にあります。

同じような例が韓国語でもひんぱんに起きます。これが「リエゾン」です。「連音化」ともいいます。

その例を韓国語で見ていきましょう。

ハングルで「単語」は「단어」と表記しますが、それがリエゾンされる過程を見てください。

단	＋	어	→	단어	→	다너	→	다	＋	너
タン		オ						タ		ノ
TAN		O						TA		NO

ローマ字で見ると、わかりやすいでしょう。「TAN ＋ O」と分かれていた発音がリエゾンになると、「TA ＋ NO」となって「タノ」と発音されます。

リエゾンをしないで文字のとおりに読んでも間違いではありません。そのまま1文字ずつ正確に読んでもいいのです。ただし、リエゾンができる場合は、それを生かしたほうが発音がずっとしやすくなります。

リエゾンができる条件

　リエゾンが行われるときは、前の音にパッチムがあることが前提です。そのうえで、後ろの字の子音が「ㅇ」か「ㅎ」で始まるときにリエゾンが可能となります。

　こうした条件を満たせば、発音をやりやすくするために韓国語ではひんぱんにリエゾンが起こります。

　具体的に、リエゾンの例を見ていきましょう。

	正式な表記		発音上の表記
音楽	음악 (ウム・アク) UM　AK	→	으막 (ウ・マク) U　MAK
恋愛	연애 (ヨン・エ) YON　E	→	여내 (ヨ・ネ) YO　NE
言語	언어 (オン・オ) ON　O	→	어너 (オ・ノ) O　NO

　「音楽」という漢字のハングル読みは「ウムアク」が「ウマク」になり、「恋愛」の場合は「ヨンエ」が「ヨネ」となります。

　また、「言語」は本来なら「オンオ」ですが、リエゾンされると「オノ」になります。

（6） 韓国語は日本語と同様に
膠着語である

助詞を使って文を順にくっつけていく

言語学でみると、韓国語と日本語は「膠着語」に分類されています。同じように、トルコ語とフィンランド語も膠着語です。

しかし、世界的にみると、膠着語というのは数としてはとても少なくなっています。

この場合の「膠着」とは、「ねばりつく」ことを意味しています。それでは、何がねばりつくのでしょうか。

ポイントになるのが助詞です。

要するに、膠着語というのは、助詞などの付属語を使って文を順にくっつけていく言語なのです。

韓国語と日本語は語順が同じですが、同時に助詞を持っています。アメリカや中国の人が韓国語の助詞を理解するのは大変なのですが、日本人は助詞に慣れているので、それほど難しくありません。

ただし、用法には違いがあるので、日本語と違う韓国語の助詞の原則を1つずつ覚えなければなりません。

パッチムのあるなしで助詞が変わる

助詞を実際に使うときは、接続する言葉の最後にパッチムがあるかないかが重要になります。

日本語で「〜は」という助詞では、パッチムがあるときは「은 (ウン)」を使い、パッチムがないときは「는 (ヌン)」をつけます。

「〜が」という助詞では、パッチムがあるときは「이 (イ)」を付け、パッ

チムがないときは「가 (ガ)」を使います。

「〜を」という助詞では、パッチムがあるときは「을 (ウル)」を使い、パッチムがないときは「를 (ルル)」をつけます。

「〜の」という助詞は、パッチムがあってもなくても「의 (助詞のときは「エ」と読まれます)」を使います。

それでは、いくつかの実例を見てみましょう。リエゾンの発音にも注意します。

사람은 （サラムン／人は）	이름을 （イルムル／名前を）
가수는 （カスヌン／歌手は）	노래를 （ノレルル／歌を）

기본이 （キボニ／基本が）	음악의 （ウマゲ／音楽の）
가사가 （カサガ／歌詞が）	영화의 （ヨンファエ／映画の）

ここで紹介できた助詞の例はほんのわずかですが、韓国語と日本語の助詞の使い方は、表現方法こそ違うものの、語順の中での考え方は共通しています。たくさんの韓国語に触れていけば、その用法にも慣れて、自分なりに使うことができるようになるでしょう。

（7） 韓国語も漢字を使っている

歴史書は漢字で書かれている

韓国時代劇を見ていると、届けられた手紙の文字が大きく写るときがあります。そこに書かれているのは漢字だけの場合が多いです。

膨大な分量で残された『朝鮮王朝実録』は大変貴重な歴史の史料ですが、本文は漢字だけで書かれています。ようやくハングル版ができたのは1994年のことでした。こうしたことからもわかるように、朝鮮王朝時代の正式な文字は漢字でした。ハングルは1446年に公布されていますが、官僚や王族は漢字で記録を残したり手紙を書いたりしました。

大きく変わったのは、1948年に韓国が建国されてからです。政府は民族独自の文字であるハングルを公式文字に採用しました。以後、徐々に漢字はあまり使われなくなっていきます。

今では新聞の紙面を見ても、漢字がほとんど見られません。極端なくらいにハングル一辺倒になっています。とはいえ、韓国で漢字が必要なくなったわけではありません。

むしろ、今後は漢字の重要性が増していくことが予想されます。その理由の1つは、中国との関係が深まっていることです。韓国は中国との貿易に力を入れており、意思疎通の手段として漢字を見直しているのです。

もう1つは、同音異義が多いハングルの特殊性が関係しています。

韓国の漢字は旧字体

　ハングルは日本のひらがなのようなもので、表意文字ではありません。同じ発音で違う意味の言葉が非常に多いので、その違いを表すときには漢字の力を借りなければならないのです。

　さらには、人名や地名は漢字が基になっていますので、韓国の人たちも最小限の漢字を使っています。

　それゆえ、韓国に行ってどうしても韓国語がわからないときは、漢字を紙に書くことによって筆談で意思の疎通をはかるということも可能です。

　ただし、現在の韓国で使われている漢字は、日本でも戦前までに使われていた旧字体です。日本と中国は難しい漢字を画数が少ない漢字に変えてきましたが、韓国と台湾は従来の漢字をそのまま使っています。

　実際にどのように違うのか。日本（新字）と韓国（旧字）で漢字の使い方を比較してみましょう。

| 新： | 医 | 駅 | 円 | 会 | 学 | 広 | 号 | 国 | 体 |
| 旧： | 醫 | 驛 | 圓 | 會 | 學 | 廣 | 號 | 國 | 體 |

| 新： | 対 | 台 | 庁 | 鉄 | 点 | 変 | 宝 | 予 | 礼 |
| 旧： | 對 | 臺 | 廳 | 鐵 | 點 | 變 | 寶 | 豫 | 禮 |

　このように、韓国で使われている漢字は画数が多いものがたくさんあります。かつては日本でもこういう旧字を使っていました。やはり、日本と韓国は同じような漢字文化圏なのです。

Column ハングルが誕生した歴史物語

　ハングルは、日本語でいえば平仮名に該当しており、朝鮮王朝の4代王・世宗（세종／セジョン）が1446年に公布した文字です。当時は「훈민정음（フンミンジョンウム／訓民正音）」と呼ばれました。

　それ以前の朝鮮半島では、正式な文字は漢字だけでしたが、とても難しく、庶民が日常的に使える文字ではありませんでした。さらに、人々の発音を正確に表記することも不可能でした。

　最高の聖君と称された世宗は、「庶民が文字を知らないのは不憫だ」と考え、民族独自の文字を作ることを決意しました。彼が主導して学者と共に創製したのが「훈민정음」です。

　しかし、政治を担った官僚たちはこの文字の普及を妨げました。彼らは難しい漢字を自在に操れることで特権階級としての地位を維持していました。自分たちの権益を守るために、「훈민정음」を軽視して漢字に固執しました。その結果、漢字が朝鮮王朝の公式文字であり続けました。

　事情が変わったのは19世紀後半です。朝鮮王朝は外国列強の干渉を強く受けるようになりましたが、その中で民族独自の文字に対する意識が強くなりました。

　また、優秀な国語学者が出て文法的にも整理され、普及が本格化しました。

　その過程で「훈민정음」は「한글（ハングル）」と呼ばれるようになりました。

　この言葉は「한（ハン／偉大な）」と「글（グル／文字）」で成り立っていて、「偉大な文字」という意味です。1948年に韓国が建国されてからは、「한글」が公式の文字となり、現在に至っています。

韓国語を学ぶ過程を大いに楽しみましょう

　これまで、韓国語を覚えたいと熱心だったのに途中でやめてしまった人を見ていると、とても残念に思ってきました。「ここから一気に上達していくのに……」と惜しい気持ちがありましたが、やめた理由を見ていると共通点に気がつきました。苦行のように学習をしていたということです。

　たとえ韓国語をマスターしたいという強烈な目的意識があったとしても、それを学ぶ過程が楽しめなければ、語学の学習というのは長続きしないでしょう。

　韓国語を上達させるためには、「効果的な学習方法を行うこと」と「韓国語を学ぶプロセスを自分自身で楽しむこと」が重要であり、特に後者が欠かせないと思います。

　韓国語で楽しく話すことができたり、字幕なしで韓国ドラマを見られることが最終目的地であったとしても、そこに至る道は決して苦行だらけではありません。本来、韓国語を学ぶ最中というのはとても楽しいものなのです。

　たとえば、韓国ドラマを見ていて全くわからなかったセリフの中に少しずつ理解できるものが増えてくれば、たまらなく「ワクワク感」が生じます。韓国語を学ぶ作業というのは、自分が韓国語にどんどん近づいていくことを実感することに他なりません。

　字幕だけに頼っていた韓国ドラマのセリフがじかに耳になじんできた、あるいは、K-POP の歌詞を聴いていて素直に感情が入ってくる……そんな瞬間を実感しながら、さらに「その先に行く楽しみ」を大いに味わってください。

著者プロフィール

康 熙奉（カン・ヒボン）

1954年東京・向島で生まれる。韓国の歴史・文化・韓流や日韓関係を描いた著作が多い。主な著書に『韓国ふるさと街道をゆく』『済州島』『冬の恋歌を探して韓国紀行』『韓国のそこに行きたい』『悪女たちの朝鮮王朝』『韓国スターと兵役』『宿命の日韓二千年史』『新版 知れば知るほど面白い 朝鮮王朝の歴史と人物』『韓国ドラマ！推しが見つかる究極100本』など。共著に『韓国ドラマで楽しくおぼえる！役立つ韓国語読本』『韓国ひとめぼれ感動旅 韓流ロケ地＆ご当地グルメ紀行』。
X（旧 Twitter）@kanghibong

STAFF

装丁・DTP／齋藤ひさの

イラスト／しろくまなXなみX

地図／小堺賢吾

企画・編集／彩景社

編集協力／李ハナ　青嶋昌子

編集／竹原晶子［双葉社］

本書は2020年3月刊『韓国ドラマ＆K-POPがもっと楽しくなる! かんたん韓国語読本』をもとに改訂、一部を加筆修正して、新版としたものです。
本書のPART5は書籍『ヒボン式かんたんハングル』（2014年2月刊／収穫社）収録原稿をもとに大幅に加筆修正したものです。PART3の一部は、WEBサイト「ロコレ」の語学コラムをもとに大幅に加筆修正したものです。

新版

韓国ドラマ＆K-POPがもっと楽しくなる！
かんたん韓国語読本
2024年3月23日　第1刷発行

著　者　康 熙奉（カン ヒボン）

発行者　島野浩二

発行所　株式会社双葉社
〒162-8540
東京都新宿区東五軒町3番28号
［電話］03-5261-4818（営業）
　　　　03-5261-4869（編集）

http://www.futabasha.co.jp/
（双葉社の書籍・コミック・ムックが買えます）

印刷所・製本所
中央精版印刷株式会社